Deutsche Bahn AG (Hg.)

City-Tunnel Leipzig

Chronik einer Eisenbahnverbindung vom 19. bis zum 21. Jahrhundert

Strom & Strom Verlag Leipzig

Impressum

Deutsche Bahn AG
Kommunikation
Sachsen, Sachsen-Anhalt, Thüringen
Dohnanyistraße 11
04103 Leipzig

ISBN 3-9807618-4-3

Redaktion: Kurt Ackermann, Andreas Glowienka, Reinhard W. Heinemann, Dietmar Ludwig, Carsten Schulze, Walter Stein

Lektorat: Sabine Mägdefrau, Leipzig

Konzeption, Gestaltung, Realisation: idea Kommunikation GmbH, Leipzig

Druck und Bindung: W. Kohlhammer Druckerei GmbH + Co., Stuttgart

www.bahn.de

Inhalt

Geleitwort

Prof. Georg Milbradt

Das größte Bahnprojekt Sachsens steht vor seiner Ausführung – der Leipziger City-Tunnel. Mit dieser Magistrale in das 21. Jahrhundert wird ein bedeutendes Infrastrukturprojekt verwirklicht. Damit setzt der Freistaat ein wichtiges Signal, zukunftsweisende Aufgaben tatkräftig und vorausschauend in Angriff zu nehmen und zu realisieren. Der City-Tunnel wird bereits bestehende Investitionen anbinden: den Interkontinental-Flughafen Leipzig/Halle, die neue Leipziger Messe und viele mehr.

In den vergangenen hundert Jahren wurde häufig über eine innerstädtische Verbindung Leipzigs nachgedacht. In Zukunft wird der drei Kilometer lange Tunnel zwischen Leipziger Hauptbahnhof und Bayerischem Bahnhof als Herzstück eines leistungsfähigen Personenverkehrs die Nachteile des bestehenden Bahnsystems beseitigen. Neben einer effektiven S-Bahn belebt die neu zu schaffende Verbindung den überregionalen Bahnverkehr auf der Sachsen-Franken-Magistrale; ja, selbst Verbindungen zwischen Berlin und München über Leipzig werden möglich. Gemeinsam mit verschiedenen Verkehrsträgern wird der großstädtische Organismus gestärkt und positiv auf die Region ausstrahlen. Es werden sich attraktive Linienführungen ohne erzwungene Umsteigevorgänge ergeben. Leipzigs Innenstadt als Handels-, Kultur- und Einkaufszentrum erhält positive Impulse; neue Investitionsanreize sind zu erwarten.

Der Freistaat Sachsen hat sich seit 1990 für die Realisierung dieses bedeutenden Verkehrsvorhabens stark engagiert. So konnte der Entscheidungs- und Planungsprozess erfolgreich und zufrieden stellend abgeschlossen werden. Diesen Weg habe ich als Aufsichtsratsvorsitzender der Planungsgesellschaft eine Zeit lang persönlich mitgestaltet.

Das vorliegende Buch spannt einen weiten Bogen: von den Anfängen des Tunnelprojektes im 19. Jahrhundert bis hin zu den Schritten, die zu seiner heutigen Realisierung führten. Es führt dem Interessierten die Kontinuität des Projektes vor Augen, zeigt aber auch, welche Hindernisse und Widerstände es zu beseitigen galt. Der Leser erhält Einblicke in die historische Entwicklung und in die langjährige Planungsarbeit der Verantwortlichen.

Gehen Sie mit auf die Reise und freuen Sie sich auf ein zukunftsweisendes Bauwerk, das für Sachsen und den mitteldeutschen Wirtschaftsraum viel versprechende Perspektiven eröffnet.

Georg Milbradt
Ministerpräsident des Freistaates Sachsen

Wolfgang Tiefensee

Dass der City-Tunnel Leipzig jetzt, im 21. Jahrhundert, verwirklicht wird, ist ein „Meisterstück" – in vielerlei Hinsicht.

Zum einen ist dabei die Zusammenarbeit zwischen dem Freistaat Sachsen und der Stadt Leipzig zu nennen. In Fragen der Finanzierbarkeit, dem Verhandeln mit der Europäischen Union, dem Bund oder der Bahn – stets wurde deutlich, dass sich Freistaat Sachsen und Stadt Leipzig gemeinsam vorgenommen haben, ein schon vor hundert Jahren erdachtes Eisenbahnprojekt endlich in Angriff zu nehmen, weil es für die Entwicklung des Oberzentrums Leipzig so wichtig ist. Damit wird ein Traum unserer Vorfahren wahr!

Ein Meisterstück auch im technisch-planerischen Sinne. Mit der Realisierung dieses Projekts werden viele Einzelteile und Investitionen zu einem sinnvollen Ganzen zusammengefügt: ein verbessertes S-Bahn-Netz, zusätzliche Chancen für den Fernverkehr auf der Schiene, Verknüpfungen mit dem Konzept „Autoarme Innenstadt" und der innerstädtischen Architektur. Mit dem Bau des City-Tunnels entstehen Arbeitsplätze und ein gewichtiger Mosaikstein in Leipzigs Bewerbung um die Olympischen Spiele 2012. Bürger und Besucher Leipzigs können mit der Lektüre dieser Chronik all das nachvollziehen.

Aber auch die Autoren – gleichzeitig „Geburtshelfer" des City-Tunnels – haben ihr persönliches „Meisterstück" abgeliefert. Als Stadtoberhaupt und zeitweiliger Aufsichtsratsvorsitzender der die Tunnelgeschäfte führenden GmbH durchlebte ich mit ihnen die Höhen und Tiefen, bis im Frühsommer 2003 die Tinte unter den Verträgen trocken war. Der erste Rammschlag zum Baustart im Juli 2003 ist der wichtigste Lohn für alle Mühe.

Nehmen Sie sich Zeit für eine spannende und informative Reise durch diese Leipziger Tunnelgeschichte und lesen Sie, wie für einen Verkehrslückenschluss zwischen dem 19. Jahrhundert und dem 21. Jahrhundert die Weichen gestellt worden sind. Dabei werden Sie viel über zwei Leipziger Tugenden erfahren: Weitblick und Beharrlichkeit.

Wolfgang Tiefensee
Oberbürgermeister der Stadt Leipzig

Der City-Tunnel Leipzig und die Bahn

Hans-Jürgen Lücking

Der Gedanke zur Errichtung des City-Tunnels Leipzig Anfang der 90er-Jahre des 20. Jahrhunderts fand bei dem damaligen Vorstand der Deutschen Bahn Zustimmung. Die Mitwirkung als Gesellschafter und in der Geschäftsführung der Planungsgesellschaft S-Bahn Tunnel Leipzig GmbH von Beginn an dokumentieren das Engagement. Ursache dieser Entscheidung war die Erkenntnis, dass auch die betriebswirtschaftliche Bewertung des Bahnverkehrs durch die Schaffung eines Tunnels, besonders für den Schienenpersonennahverkehr in der Stadt und im näheren und weiteren Umfeld von Leipzig, positiv ist.

Die DB AG, die ihren Kunden ein nationales und in zunehmendem Maße auch ein internationales Bahnsystem anbietet, betrachtet die Schaffung einer durchgebundenen Mobilitätskette als wichtigste Zielstellung für die Zukunft und berücksichtigt damit das weiter wachsende Bedürfnis nach Nutzung des Schienenverkehrs. Neben attraktiven, schnelleren und komfortablen Fernverkehrsangeboten, gleich gearteten Verbindungen zwischen den Regionen sind qualitative Stadtverkehre von höchster Bedeutung für die beginnende bzw. endende Verkehrskette im Fernverkehr und für den Nahverkehr in und von/nach den Zentren der Wirtschaft und Kultur.

Leipzig, die Stadt mit Potenz und Flair, das Wirtschaftsgebiet um sie herum, seine verkehrsstrategische Lage in Deutschland (und auch in Europa) benötigt einen attraktiven Schienenverkehr durch (unter) seine Innenstadt und sichert damit auch dessen wirtschaftliche Betriebsführung. Dies und die notwendige Verbindung der Stadt zu seinem Umland hat zu dem Ergebnis geführt, dass der City-Tunnel Leipzig als Herzstück des schienengebundenen Nahverkehrs in der Region Leipzig/Halle gilt.

Der City-Tunnel in Leipzig und seine unbedingt gleichzeitig zu betrachtenden netzergänzenden Maßnahmen sind ein neues Qualitätsangebot für die Kunden des Nahverkehrs im Freistaat Sachsen und im Land Sachsen-Anhalt. Seine Verbindungen reichen auch in Regionen des Freistaates Thüringen. Direkte Berührungspunkte hat das Nahverkehrssystem in einem Umkreis von etwa 100 Kilometer von Leipzig. Der City-Tunnel ist deshalb für den mitteldeutschen Raum ein Verkehrsprojekt der Zukunft. Regionalexpresszüge aus Zwickau und Chemnitz, S-Bahnen aus Halle, Delitzsch und Gaschwitz, Regionalverkehr aus Riesa und Weißenfels – um nur einige Beispiele zu nennen – werden in das System des Nahverkehrs einbezogen.

Mit intelligenten Entscheidungen über die Linienführung und deren Nutzungsfrequenz und mit den einzusetzenden Fahrzeugen wird das neue System den öffentlichen Nahverkehr des Einzugsgebietes zu Gunsten der Verkehrskunden revolutionieren. Dabei muss natürlich auch das begleitende System der Zugangs- und Übergangsstellen für einen barrierefreien und nutzungsfreundlichen Übergang zu anderen Linien und zu Partnerunternehmen des Nahverkehrs beitragen. Der Unternehmensbereich Station&Services der DB AG wird daher alle notwendigen Voraussetzungen sowohl für die unterirdischen Stationen des City-Tunnels Leipzig als auch für alle anderen Verkehrsanlagen schaffen. Die Zielstellung dabei ist, den Eindruck einer doppelten Visitenkarte zu schaffen, der den Reisenden die Abfahrt und die Ankunft in gleicher Weise angenehm erleben lässt.

Die Renaissance des Bahnfahrens am Beginn des neuen Jahrhunderts und seine Verknüpfung mit dieser historischen und modernen Stadt ist eine wunderbare Symbiose.

Hans-Jürgen Lücking
DB AG, Konzernbevollmächtigter für die Bahnregion Südost

Die Leipziger Verbindungsbahn

Von den historischen Anfängen bis zu den Planungen der 70er-Jahre

Die Entwicklung der Eisenbahn in Leipzig bis zum Beginn des 20. Jahrhunderts

Die verkehrliche Entwicklung bis zum Eisenbahnzeitalter

Die Entwicklung von Siedlungen und Städten ist entscheidend von ihrer verkehrlichen Lagegunst abhängig. Förderte allein schon die Nähe alter Handelswege die Gründung von Siedlungen, so war besonders die Lage am Schnittpunkt der beiden bedeutenden frühgeschichtlichen Handelsstraßen „Reichsstraße" (via imperii) und „Königsstraße" (via regia) für die Entwicklung eines Handelszentrums wie Leipzig hervorragend geeignet.

Die Reichsstraße – eine der wichtigsten Handelsverbindungen im Mittelalter – war gleichzeitig eine der längsten und „viel befahrensten" Straßen und verband die Ostsee mit der Adria. Sie verlief auf den die östliche Pleißenaue begrenzenden flachen Höhen und führte aus Richtung Nürnberg-Hof kommend über Wachau und Probstheida nach Leipzig, das sie in nördlicher Richtung nach Magdeburg wieder verließ. Die Königsstraße führte von Frankfurt am Main über Eisenach und Erfurt nach Merseburg. Dort teilte sich anfangs diese Ost-West-Straße, um die sumpfige und oft überschwemmte Niederung westlich von Leipzig im Norden über Taucha und im Süden über Zwenkau und Magdeborn zu umgehen.

„Nachdem aber der Lindenauer Dammweg errichtet wurde, der noch heute Hauptverbindungsstraße zwischen den westlichen und östlichen Teilen Leipzigs ist, verlief die von Merseburg kommende Königsstraße über Leipzig, das damit zum Schnittpunkt bedeutender Handelsstraßen wurde, die durch die vorhandenen natürlichen Verhältnisse leicht zugänglich und viel begangen waren." [1]

Als in der ersten Hälfte des 12. Jahrhunderts auch die bisher nördlich vorbeiführende alte Salzstraße durch Leipzig geleitet wurde, berührten alle in der Umgebung verlaufenden wichtigen Straßen das sich entwickelnde Handelszentrum. Zudem begünstigte der Zusammenfluss der fischreichen Gewässer Pleiße und Parthe die Besiedlung.

Zur Zeit der Verleihung der Stadtrechte 1165 umfasste die bebaute Fläche Leipzigs nicht mehr als das Gebiet um den Richard-Wagner-Platz, den Brühl, die Hain- und Katharinen-

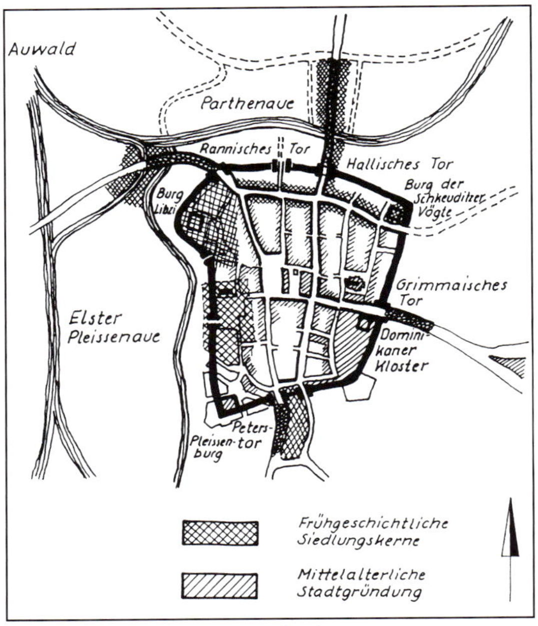

Schema der mittelalterlichen Stadt

straße. In Richtung Elster und Parthe sowie in Richtung Thomaskirche wuchsen Siedlungsausläufer.

In den folgenden Jahren wurde die Stadtanlage planmäßig erweitert. Das hatte auf auswärtige Handwerker und Kaufleute eine anziehende Wirkung. Dadurch wurden Warenproduktion, Handel und damit auch der Verkehr belebt. Deshalb „wurde ein großer rechteckiger Marktplatz mit parallel dazu verlaufenden Straßen und Gassen geschaffen. Alle Fernstraßen, insbesondere die Hauptverkehrswege – via regia und via imperii – führten in das neue Stadtzentrum und auf den Markt, wo sich der Handelsverkehr sammelte." [2]

Die weitere Besiedlung erfolgte nach damaligen Erfordernissen einer sinnvollen Flächennutzung innerhalb der begrenzten – heute im Zuge des Promenadenringes noch erkennbaren – Stadtanlage.

So zeigen bereits die Stadtpläne aus dem 12. und 13. Jahrhundert durch die meist geraden, sich im rechten Winkel schneidenden Straßen eine gewisse Planmäßigkeit. Der von den Erfordernissen gesteuerte Wachstums-

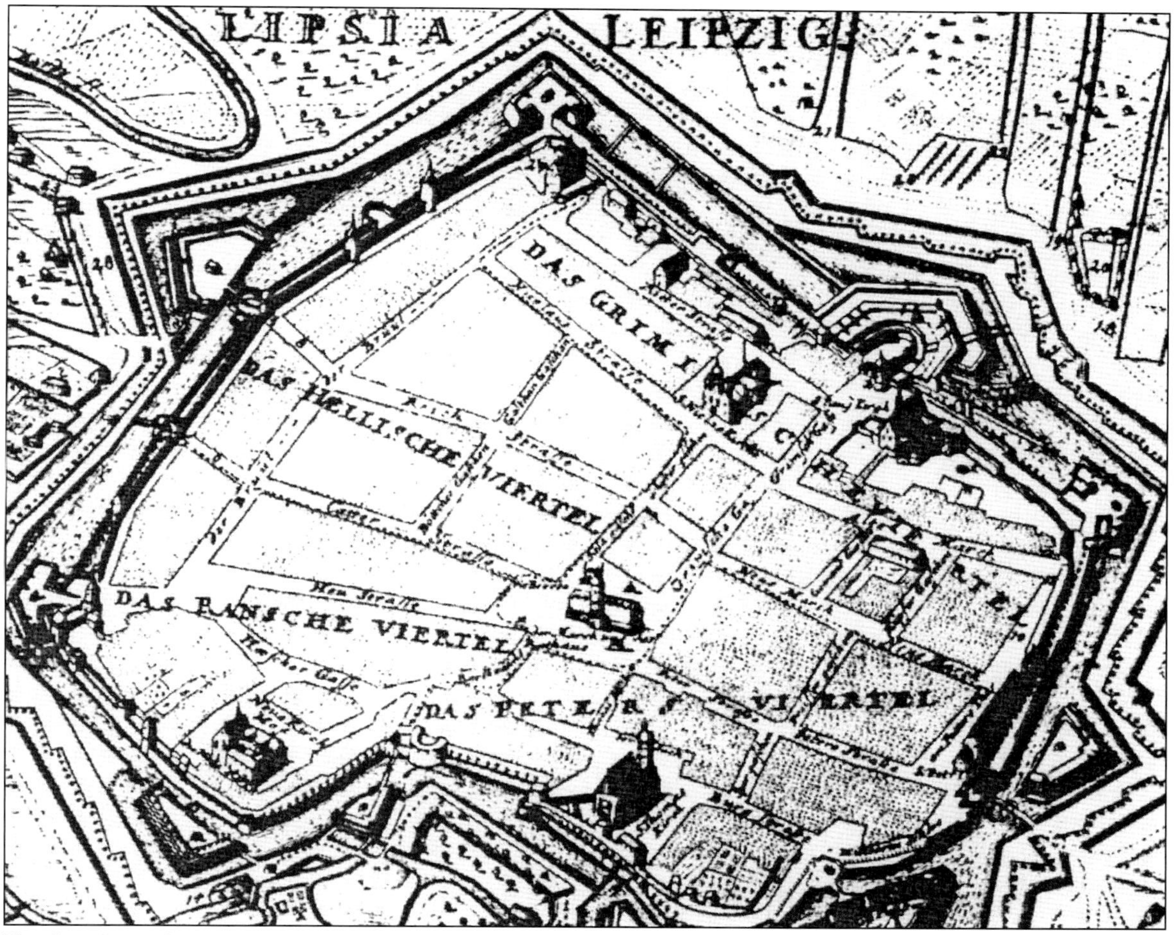

Einteilung in vier Stadtviertel

prozess setzte sich über die folgenden Jahrhunderte fort.

Die 1409 gegründete Universität, der seit 1480 betriebene Buchhandel und die ab 1497 regelmäßig durchgeführten Messen verstärkten die verkehrsanziehende Wirkung der Stadt Leipzig, die mit dem 1507 verkündeten Stapelrecht für den Umkreis von 15 Meilen weiteren Aufschwung erhielt: „Das Stapel- und Niederlagsrecht bestand im Wesentlichen darin, dass alle Waren, die in diesen Umkreis gelangten, in Leipzig gelagert und zum Verkauf ausgestellt werden mussten. Die Wahrung des Stapelrechtes setzte wiederum eine genaue Kontrolle, aber auch Instandhaltung des Straßennetzes voraus." [3]

Der Verkehr mit Gütern unterschiedlicher Art beeinflusste in starkem Maße die Führung und Dimensionierung der Hauptstraßen. Darüber hinaus ist der Einfluss auf die Stadtstruktur durch die erforderlichen Handels- und Lagerflächen – Handelshäuser und -höfe wie zum Beispiel Barthels Hof – nicht zu übersehen.
Die Einteilung der Stadt erfolgte entsprechend der Anordnung der vier Tore in das Peters-, Ranstädter, Hallische und Grimmaische Viertel. Sie dehnte sich innerhalb des heute deutlich sichtbaren „Promenadenringes" – einer Straßen- und Grünzugverbindung – aus; dies entspricht dem heutigen Stadtzentrum. Diese relativ kleine Fläche wurde in der Folgezeit planmäßig dicht bebaut, so dass bereits 1680 mit 322 Einwohnern pro Hektar beziehungsweise 1792 mit 387 Einwohnern pro Hektar eine hohe Bevölkerungsdichte innerhalb der Stadtanlage zu verzeichnen war.

Die Aufhebung der Stadtgrenzen 1824 – nachdem bereits 1813 die Stadtmauer geschliffen worden war – begünstigte die weitere Entwicklung der Vorstädte. Die in die Stadt führenden Straßen gestalteten sich zu Wachstumslinien der Vorstädte und ergaben in Verbindung mit der Stadt ein strahlenförmiges Siedlungsbild.

Im Gegensatz zur bisherigen Entwicklung der Stadt innerhalb der alten Grenzen nahm nun die Stadtentwicklung keinen planmäßigen Verlauf mehr.

Die Ausdehnung der Stadt Anfang des 19. Jahrhunderts erstreckte sich hauptsächlich auf das heutige Stadtzentrum und in größerem Umfang auf die daran anschließenden östlichen und südlichen Vorstadtgebiete.

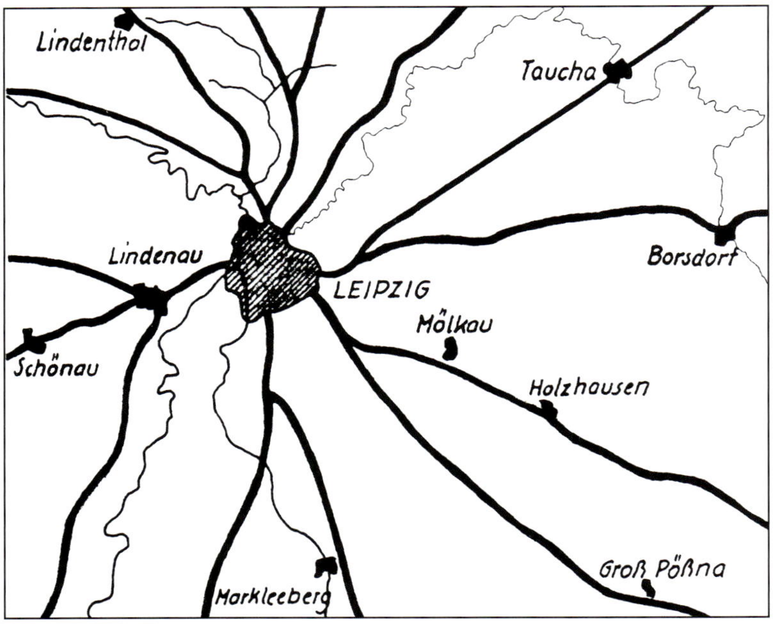

Leipzigs Lage im Straßennetz 1813

Wechselwirkung zwischen Eisenbahnbau und Stadtentwicklung Leipzig

Gesellschaftliche Bedingungen am Anfang des 19. Jahrhunderts

„Insbesondere Leipzig war vor den Freiheitskriegen einer der Hauptstapelplätze des deutschen, ja des europäischen Handels gewesen. Die napoleonische Zeit mit ihren schweren wirtschaftlichen Schlägen und ihren einschneidenden politischen Änderungen hatte jedoch diese Stellung erschüttert.“ [4]

Nachdem am 8. Februar 1815 auf dem Wiener Kongress die Teilung Sachsens besiegelt wurde, musste der nördliche Teil des bisherigen Königreiches an Preußen abgetreten werden.

Die neue Grenze verlief von Zwenkau über Markranstädt, Podelwitz bis Taucha. Dadurch wurde Leipzig zur Grenzstadt, die im äußersten Nordwesten Sachsens lag und von drei Seiten in einer Entfernung von zehn bis 15 Kilometer von preußischem Staatsgebiet umschlossen war.

„Die alten Handelsstraßen, denen Leipzig seinen Reichtum und seinen Ruhm verdankte, wurden im Norden und Westen unmittelbar vor den Toren der Stadt von den schwarz-weißen Schlagbäumen gesperrt; auch nach Süden blieb nur der östlichste Weg nach Nürnberg über Altenburg.“ [5]

Obgleich schon die politische Grenze Leipzigs Entwicklung beeinträchtigte, verschärfte sich die Situation für Handel und Verkehr der Messestadt durch den vier Jahre später in Kraft tretenden preußischen Zolltarif erheblich. Die politische Grenze war damit zugleich zur Zollgrenze geworden.

Weitere Probleme für Handel und Verkehr gab es innerhalb von Sachsen durch den Zustand der Verkehrsinfrastruktur, die dem steigenden Güterverkehrsaufkommen nicht mehr gewachsen war.

„Für das System der sächsischen Landstraßen, die in provinzieller Enge Chausseen genannt wurden, schlug nun die Stunde der Wahrheit. Es enthüllte sich die Rückständigkeit des gesamten deutschen Verkehrssystems, das weit hinter dem französischen zurückgeblieben war, dessen Straßennetz und dessen Flussregelung, Durchstiche und Kanalbauten zu Zeiten entstanden waren, da in Deutschland die Zersplitterung in Teilstaaten Verkehrsbauten überhaupt ausschloss. Die notdürftig mit Sand und Steinen befestigten Wege, die bei Regenwetter oft grundlos und unbefahrbar wurden, schlugen nun als wuchernde Kosten zu Buche, die dem Handel enge Grenzen setzten. Die Transportfrage, aus der sich eine Verengung des Marktes ergab, der mit der Schaffung des Zollvereins der kapitalistischen Initiative geöffnet war, wurde … zum Kernproblem der Wirtschaftspolitik.“ [6]

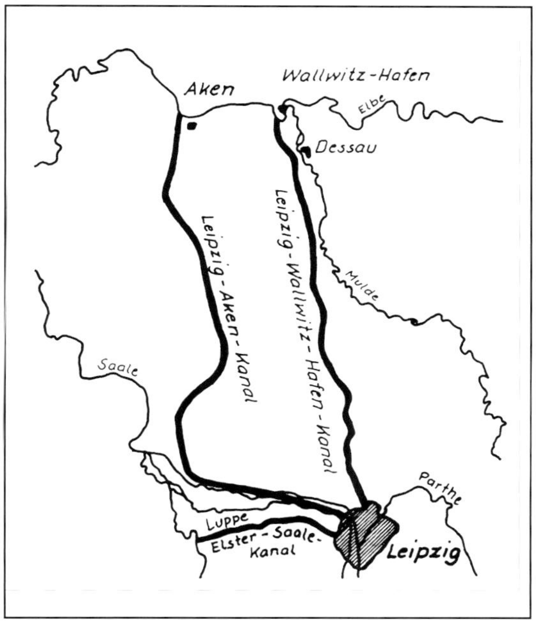

Die Kanalplanungen

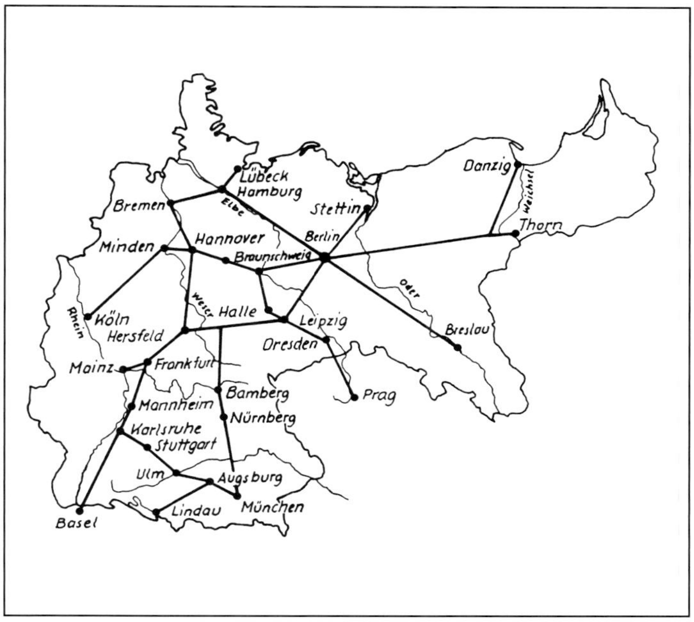

Der Entwurf für ein deutsches Eisenbahnnetz von Friedrich List

Leipzigs Bemühungen um überregionalen Verkehrsanschluss

Seit dem 17. Jahrhundert hatte es unterschiedliche Pläne über Kanalverbindungen von Leipzig zu den schiffbaren Flüssen Elbe und Saale gegeben. Carl Heine bemühte sich seit etwa 1850 um die Errichtung des Elster-Saale-Kanals. Diese Trasse setzte sich in der Folgezeit gegenüber anderen Planungen – Elster-Elbe-Kanal (Wallwitzhafen) beziehungsweise Elster-Elbe-Kanal (Aken) – durch.

Carl Heine (1819–1888), Rechtsanwalt in Leipzig, wandte sich, nachdem er in Plagwitz und Umgebung Grundbesitz erworben hatte, dem Aufbau des Leipziger Vorortes zu. Er ließ Brücken, Straßen und Gleisanlagen errichten und begann 1856 mit dem Bau eines Kanals ab der Nonnenstraße.

Bemerkenswert bei Leipzigs Bemühungen um einen überregionalen Verkehrsanschluss ist auch die 1826 ausgearbeitete Planung einer Pferdeeisenbahn von Leipzig bis an die Saale bei Dürrenberg (heute: Bad Dürrenberg). Nach der „Darstellung einer anzulegenden Eisenbahn von der k. pr. Saline Dürrenberg und der schiffbaren Saale daselbst bis nach Leipzig auf den Wagenplatz vor dem Halleschen Thore" sollte die Pferdeeisenbahn nicht nur Salz von der Saline Dürrenberg nach Leipzig transportieren, sondern es sollten auch

Zeitleiste	
7.–9. Jh.	Erste dörfliche slawische Ansiedlung nahe des Zusammenflusses von Elster und Parthe
1015	Erste Erwähnung der „urbs Libzi" in der Chronik des Bischofs Thietmar von Merseburg
Um 1165	Markgraf Otto der Reiche verleiht Leipzig Stadtrecht und Marktprivileg.
1212	Gründung des Augustiner-Chorherrenstiftes St. Thomas
Um 1250	Leipzig hat sich zu einem der wichtigsten Handelsplätze in Deutschland entwickelt.
1409	Für die geistige Entwicklung der Stadt ist die Gründung der Universität entscheidend.
1481	Marcus Brandis, Wanderdrucker aus Delitzsch, druckt das erste Buch in Leipzig.
1497	Kaiser Maximilan I. erteilt der Stadt das kaiserliche Messeprivileg, das er 1507 bestätigt. Damit unterstreicht er die Vorrechte der Leipziger Märkte und machte Leipzigs Messen zu Reichsmessen. Zudem verleiht er das Stapelrecht. Bau der Alten Waage und des Alten Rathauses am Markt durch Hieronymus Lotter
1693	Eröffnung des ersten Opernhauses am Brühl
Um 1700	In Leipzig wohnen rund 17 000 Menschen.

Zeitleiste	
1827	Friedrich List, der „Vater“ der deutschen Eisenbahnen, veröffentlicht erste Aufsätze über den Nutzen von Bahnverbindungen.
1829	Ende des Jahres leitete Gustav Harkort die Vorbereitungen für den Bau der Leipzig-Magdeburger Eisenbahn.
1834	Gründung der Leipzig-Dresdner-Eisenbahn-Compagnie durch 12 Leipziger Bürger
1835	Eröffnung der ersten deutschen Eisenbahn, der Ludwigs-Eisenbahn zwischen Nürnberg und Fürth
1837	Eröffnung des ersten Teilstücks Leipzig-Althen der Leipzig-Dresdner Eisenbahn; Preußische Konzession für die Magdeburg-Halle-Leipziger Eisenbahngesellschaft
1839	Eröffnung der ersten deutschen, 118 km langen Ferneisenbahnstrecke Leipzig-Dresden. Im ersten Jahr werden auf dieser Strecke 412 000 Reisende befördert.
1840	Inbetriebnahme der Strecke Halle/Saale–Leipzig
1841	Konstituierung der „Sächsisch-Baierischen Eisenbahn Compagnie“ für die Errichtung der Strecke Leipzig–Hof–Nürnberg
1842	Baubeginn des Bayerischen Bahnhofes
1847	Übernahme der Sächsisch-Bayerischen Eisenbahn durch den Sächsischen Staat
1851	Inbetriebnahme der Strecke Leipzig-Nürnberg sowie der Verbindungsbahn Dresdner Bahnhof–Bayerischer Bahnhof
1853	Die Abreisendenzahl auf dem Bayerischen Bahnhof erreicht fast 500 000.
1856	Grundsteinlegung für das Empfangsgebäude und die Hallen des Thüringer Bahnhofes
1863	Umgebauter Magdeburger Bahnhof wird fertiggestellt.
1864	Beginn der Umbauarbeiten am Empfangsgebäude des Dresdner Bahnhofes.
1870	Die Einwohnerzahl ist auf 450 000 gestiegen. Leipzig hatte eine herausragende Stellung als führende Handelsstadt des europäischen Kontinents gewonnen.

Schiffsladungen von Magdeburg und Halle, aber auch von Naumburg und Weißenfels in Dürrenberg auf die Bahn nach Leipzig umgeschlagen werden. [4]

Diese Bahn war – und das macht die Bedeutung der Planung aus – als Teilstück einer später weiterführenden Fernstrecke vorgesehen. Für den Autor Uhlich stellt diese anonyme Planung „das erste und einzige selbständige Werk über sächsische Eisenbahnfragen“ vor Friedrich Lists Eisenbahnsystem dar. [4]

Die Planungen von Friedrich List
Leipzigs bisherige nationale und internationale Bedeutung stützte sich auf die bevorzugte Lage am Schnittpunkt der wichtigen Handelsstraßen von Osten nach Westen und von Norden nach Süden und die dadurch begünstigte Entwicklung als Handels- und Messestadt, als Universitätsstadt und als Zentrum des Buchhandels.

Eine Grundlage für die weitere Stadtentwicklung in neuer Quantität und Qualität schuf 1833 Friedrich Lists Schrift „Über ein sächsisches Eisenbahnsystem als Grundlage eines allgemeinen deutschen Eisenbahnsystems und insbesondere über die Anlegung einer Eisenbahn von Leipzig nach Dresden“, die der industriellen Revolution besonders in Sachsen kräftige Impulse verlieh.

Friedrich List, geb. 1789 in Reutlingen, war Nationalökonom, Unternehmer, Diplomat. Als Professor für Staatswirtschaft und Staatspraxis an der Universität Tübingen (1817–1819) und Abgeordneter seiner Vaterstadt Reutlingen geriet List wegen seiner demokratischen und nationalistischen Auffassungen zunehmend in Konflikt mit der Regierung Württembergs.

Im Jahre 1822 wurde er wegen „staatsfeindlicher Aufreizung“ zu Festungshaft verurteilt, der er sich durch Flucht entziehen konnte, bis er 1824 inhaftiert wurde. Er durfte Württemberg verlassen, um nach Amerika (Pennsylvania) auszuwandern. Dort machte er in der Nähe von Philadelphia mit einer von ihm entwickelten Eisenbahn für Kohletransport sehr positive Erfahrungen.

Stadtplan von Leipzig – 1825 bis 1836 berichtigt – mit dem ursprünglichen Verlauf der Leipzig-Dresdner Eisenbahn.

Nach seiner Rückkehr 1832 regte List die Schaffung eines deutschen Eisenbahn-Netzes an, dessen zentraler Knotenpunkt die Stadt Leipzig werden sollte. Damit gab er den Anstoß für den Bau der Dresdner Eisenbahn. Im Jahr 1837 verließ List Leipzig und ging nach Paris. Später lebte er in Augsburg.

Die Eisenbahn als qualitativ neues Verkehrsmittel musste sich gerade für Leipzig und seine Umgebung vorteilhaft auswirken.
Denn die Erfahrungen des Eisenbahnpioniers in Pennsylvania besagten, dass längs der Eisenbahnlinien der Handel belebt und die Besiedlung gefördert wird. [7]
Die Wahl Leipzigs als Ausgangspunkt der Eisenbahnstrecke begründet List wie folgt:

„Vor allem bezeichnet das von Leipzig aus nach allen Richtungen weithin sich erstreckende ebene und feste Terrain … diese Gegend als eine für die Anlegung von Eisenbahnen besonders geeignete … Ein zweiter bei den hiesigen Lokalverhältnissen besonders in Betracht kommender Umstand ist die Eigenschaft des hiesigen Platzes als Herzkammer des deutschen Binnenverkehrs, des Buchhandels und der deutschen Fabrikindustrie.

Die Zahl der Hin- und Herreisenden und der Durchreisenden mit Einschluss der Messefremden ist hier größer als an irgendeinem anderen Ort in Deutschland …

Endlich kommt die Konsumtion des Platzes selbst in Betracht. Alle Arten von Lebensmitteln nebst den Brennmaterialien sind hier teurer als in den Seestädten und dabei bedeutend schlechter. Holz kostet 100 Prozent mehr in der Stadt als vier bis fünf Meilen von hier … Was leichter Transport vermag und was schwerer und teurer nicht vermag, darüber können wir die Sandsteine von Pirna zu Zeugen aufrufen, die zu Wasser bis Berlin, Hamburg und Altona, ja in noch größerer Menge bis Kopenhagen gegangen sind und noch gehen, während es ihnen nie möglich

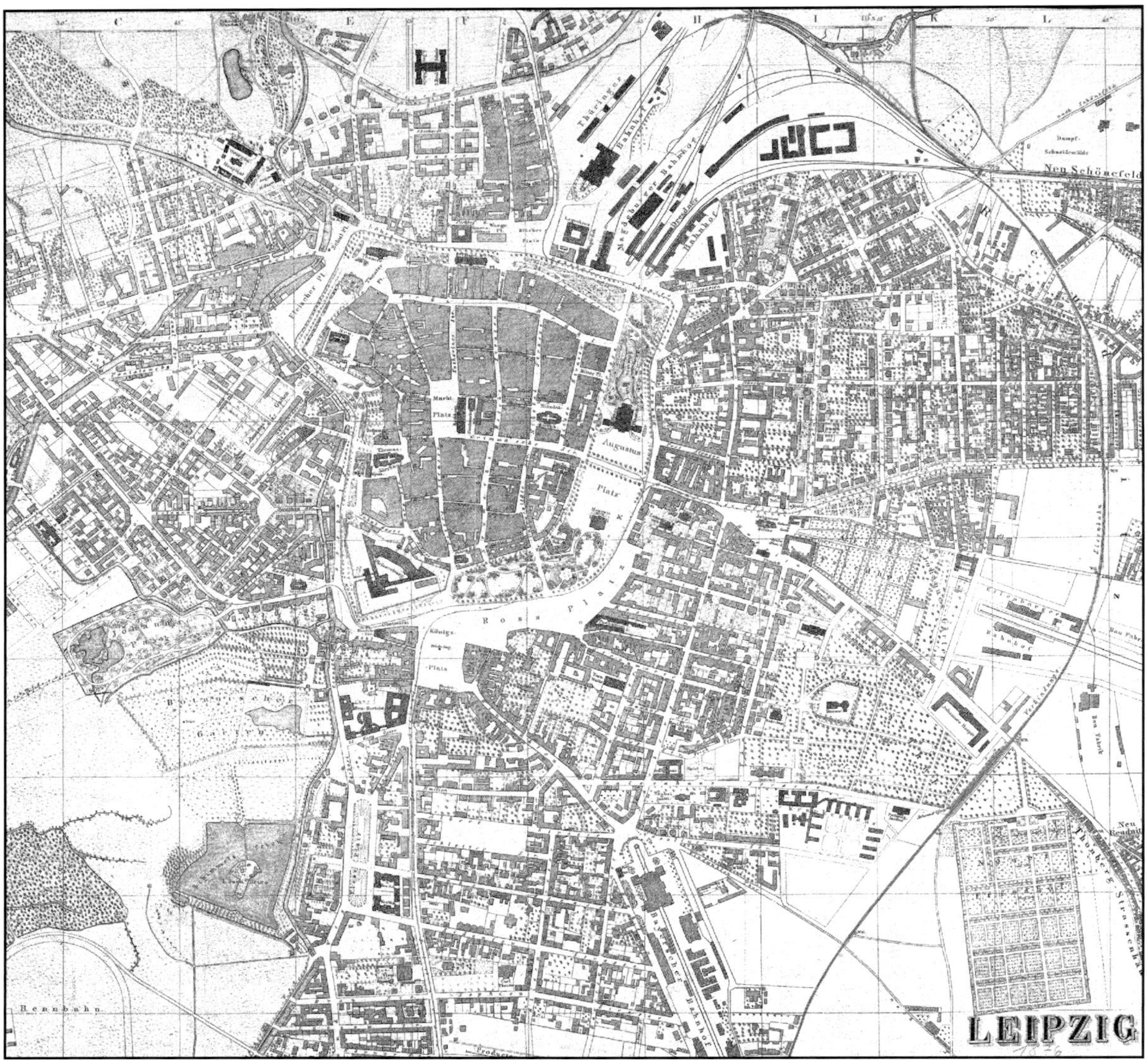

Grundriss von Leipzig aus dem Jahre 1875 mit Kopfbahnhöfen und Verbindungsbahn

war, landwärts nur bis Leipzig vorzudringen. Und doch bedürfte man ihrer hier sehr, wäre es auch nur, um dieser sonst so schönen Stadt Trottoirs zu verschaffen …

Mit einem Wort: Bevölkerung, Gebäudezahl, Gewerbeindustrie und Handel sowie Wert der Häuser und Grundstücke von Leipzig würden sich in kurzer Zeit verdoppeln, und ich zweifle keinen Augenblick, dass diese Wertvermehrung in Leipzig allein das auf die Eisenbahn verwendete Kapital in wenigen Jahren übersteigen würde.“ [8]

Obgleich diese vorausgesagte und erwünschte Entwicklung in den ersten Jahren keineswegs so schnell voranging, übertraf sie nach einigen Jahrzehnten alle Erwartungen. Mit dem Bau der Eisenbahnen brach für Leipzig ein neues Zeitalter an, das schließlich in der Folgezeit zur Entstehung einer Großstadt führte.

Beispiele für den wechselseitigen Einfluss von Eisenbahn- und Stadtentwicklung bis 1870

Als 1837 die erste Teilstrecke bis Althen und 1839 die gesamte Strecke von Leipzig nach Dresden in Betrieb genommen wurde, fehlten über die städtebaulichen Auswirkungen der Eisenbahn noch Erfahrungen.

Wie sich bald herausstellte, waren die Anlagen im stadtnahen Bereich nicht zukunftsträchtig geplant und konnten der einsetzenden städtebaulichen Entwicklung nicht genügen. Das betraf beispielsweise die Trasse der Dresdner Eisenbahn, die im Zuge der Althener Straße und der heutigen Eisenbahnstraße verlief und im Zusammenhang mit der Errichtung des Übergabebahnhofes 1874–1879 auf eine Länge von 3,5 Kilometer in nördliche Richtung in die Flur Sellerhausen verlegt werden musste. [9] Die aufgegebene Eisenbahnstrecke wurde als „Eisenbahnstraße“ wichtigste Verkehrs-

Dresdner Bahnhof um 1840 – Radierung

straße in Richtung Sellerhausen und als Geschäftsstraße bebaut.

Die Wahl des Standortes für den Dresdner Bahnhof erfolgte im stadtnahen Bereich auf einer bisher als Bleiche benutzten Freifläche. Als Streckenendpunkt wurde der Bahnhof in Kopfform angelegt, obgleich bereits zu dieser Zeit die Lage Leipzigs als Knotenpunkt im Plan von Friedrich List allgemein bekannt war und – besonders aus Sicht späterer Jahre – einen Durchgangsbahnhof gerechtfertigt hätte.

In den Folgejahren entstanden weitere, unterschiedlichen Eisenbahnverwaltungen zugeordnete Kopfbahnhöfe: 1840 der Magdeburger Bahnhof, 1842 der Bayerische Bahnhof und 1856 der Thüringer Bahnhof. Der Magdeburger und Thüringer Bahnhof wurden – wie auch der Dresdner Bahnhof – auf dem Gelände des heutigen Hauptbahnhofs errichtet.

Hier muss die zukunftsgerechte Ausstattung des Bayerischen Bahnhofes, die bei Zeitgenossen zu starker Kritik führte, im Gegensatz zu den mitunter verwendeten Provisorien auf den anderen Bahnhöfen hervorgehoben werden. So erhielt der Magdeburger Bahnhof zum Beispiel erst 1863 ein seiner Bedeutung gemäßes Empfangsgebäude, nachdem 23 Jahre der Betrieb in kleinen Holzgebäuden abgewickelt worden war.

Wilhelm Seyffarth, der spätere Oberbürgermeister von Leipzig und das Mitglied des Direktoriums der Sächsisch-Bayrischen Eisenbahn-Compagnie, unterstützte die Ausstattung des Bahnhofes und insbesondere des architektonisch und funktionell bedeutenden Empfangsgebäudes: „… so wird die Zeit kommen, so man ihn (den Bahnhof) zu klein finden wird …

Dann wird man nicht mehr sagen, dass die Räume zu groß, die Betriebsmittel zu hoch-

AN

DES MAGDEBURGER UND DES

Verlag u. Eigenthum

Magdeburger und Dresdner Bahnhof um 1850

S H T

DNER BAHNHOFES ZU LEIPZIG

tzsche in Leipzig

Magdeburger Bahnhof – Stereofotografie um 1870

gegriffen sind. Oder tadelt man die architektonisch schöne Zusammenstellung dieser Räume, tadelt man die Architekten und Erbauer, dass sie zum Schmucke der Fassade und zum Abputz bei einem Gesamtbau von circa 280 000 Thalern und circa 25 000 Thaler Arealankauf vielleicht einige Tausend Thaler mehr ausgegeben, als durchaus erforderlich gewesen wären? …

Wenn man in früherer Zeit die Bedürfnisse einer Hauptbahn nicht großartig genug beurteilte, so beweisen die Erfahrungen der Neuzeit, dass in Hannover, Braunschweig, Kiel, Wien und an anderen Orten mehr die Überzeugung gereift ist, noch weit größere Summen als bei uns auf jene Bedürfnisse verwenden zu müssen.“ [10]

Dass die Anlagen des Bayerischen Bahnhofes einschließlich des Empfangsgebäudes, das als derartiger ältester originaler Bau auf deutschem Boden heute ein bedeutendes Denkmal der Verkehrsgeschichte ist, bisher erhalten geblieben ist, „ist nicht zuletzt der Klarheit und funktionellen Zweckmäßigkeit der für die damalige Zeit großartigen Konzeption zuzuschreiben, die noch die meisten späteren Anlagen übertraf.“ [11]

Um den Anschluss an die Thüringer Eisenbahn hatte sich Leipzig seit 1840 bei der preußischen Regierung bemüht, die ihrerseits jedoch Halle bevorzugte.

Aus Leipziger Sicht schienen zunächst mehrere Anbindungspunkte möglich zu sein. „Soll man die Thüringische Anschlussbahn auf dem Sächsisch-Bayrischen oder auf dem Leipzig-Dresdner oder Leipzig-Magdeburger Bahnhofe einmünden oder soll man den Anschluss an irgendeinem Punkte der vorhandenen Bahnen in größerer oder geringerer Entfernung von Leipzig stattfinden lassen?“ [12] Leipzig und Halle versuchten in der Folgezeit, mithilfe ihrer Staatsregierungen eine für ihre Interessen günstige Streckenführung durchzusetzen oder zumindest eine solche für die Konkurrenzstadt zu verhindern. [5]

So vergingen schließlich 15 Jahre bis zur Erteilung der Konzession für die Bahn von Leipzig nach Korbetha (heute: Großkorbetha). Dieses Hinauszögern des Leipziger Eisenbahnanschlusses gerade in der Zeit dynamischer Wirtschaftsentwicklung und die darin zum Ausdruck kommende Missachtung berechtigter Leipziger Verkehrsinteressen durch Preußen zeigten das Ausmaß der verkehrspolitischen Differenzen zwischen Preußen und Sachsen um die Mitte des 19. Jahrhunderts. Wo immer preußische und sächsische Verkehrsinteressen aufeinander stießen, wurde jahrzehntelang über Trassierungen beziehungsweise Genehmigungen verhandelt. Dabei taktierte und intrigierte – je nach Bedeutung der jeweiligen Objekte – die sächsische Seite ebenso wie die preußische.

Von der Thüringischen Eisenbahn wurde 1873 von Leipzig/Leutzsch aus eine Bahnlinie nach Zeitz über Plagwitz-Lindenau eröffnet, die insbesondere für den Güterverkehr im aufstrebenden Stadtteil Plagwitz Bedeutung erhielt.

Nördlich der drei nebeneinander liegenden Kopfbahnhöfe (Dresdner, Magdeburger, Thüringer Bahnhof) wurde 1859 der Berliner Bahnhof

Bayerischer Bahnhof – Stereofotografie um 1870

als Durchgangsbahnhof eröffnet, der an die 1851 – außerhalb der Stadtbebauung im Osten – errichtete Verbindungsbahn vom Magdeburger und Dresdner Bahnhof zum Bayerischen Bahnhof angeschlossen wurde. Als Anschluss an die über Eilenburg führende Halle-Sorau-Gubener Eisenbahn wurde eine Bahn von Eilenburg nach Leipzig verwirklicht und 1874 mit dem Eilenburger Bahnhof eröffnet. In dieser Zeit war es bereits schwierig, ein geeignetes Gelände für Bahnhofsanlagen in der Stadt zu finden, zumal die gewählte Fläche zwischen Täubchenweg und Hospitalstraße bis zum Gerichtsweg schon Bestandteil des städtischen Bebauungsplanes war. Da diese Fläche jedoch – bis auf ein größeres Schneidemühlengrundstück – unbebaut war, wurde sie zur Verfügung gestellt.

Mit der Inbetriebnahme der Kopfbahnhöfe entwickelte sich Leipzig zu einem wichtigen, leistungsfähigen Eisenbahnknotenpunkt.

Die Auswirkungen der Eisenbahnentwicklung auf die Stadtstruktur lassen sich an unterschiedlichen Beispielen nachweisen:

- Die Stadtentwicklung wurde begünstigt durch die Erschließung des Umlandes und damit der Stadterweiterungsflächen, durch steigende Einwohnerzahlen und die Möglichkeit, Industriestandorte an die Eisenbahn direkt anzubinden.
- Die bis vor die Stadt geführten Bahnhöfe brachten mit den Bahnhofsvorplätzen wichtige Verkehrsplätze hervor, die sich in ihrer Wertigkeit zu erstrangigen Plätzen mit gesamtstädtischer Bedeutung entwickelten, obgleich diese Flächen anfangs keine Trennung der Verkehrsarten aufwiesen. Als wichtigster derartiger Platz bildete sich die zwischen der Stadtbebauung und der südlich des Dresdner, Magdeburger und Thüringer Bahnhofs gelegene Fläche heraus (Bahnhofsvorplatz, heute Willy-Brandt-Platz).
- Die Bahnhofserweiterungen durch den wachsenden Güterverkehr kollidierten im Allgemeinen nicht mit der Stadtentwicklung. Lediglich am Bayerischen Bahnhof wurde in den Jahren von 1857 bis 1860 ein 700 Meter langer und 50 Meter breiter „Kohlen- und Produktenbahnhof“ im Winkel von etwa 70 Grad zu dem radial gerichteten Bayerischen Bahnhof errichtet. Damit lag die sich nach Westen ausdehnende Anlage in tangentialer Richtung zur Stadt.
- Standorte der Industrie konnten sich mit entsprechenden Flächen für die spätere Erweiterung auch im nahe gelegenen Umland entwickeln, als man erkannt hatte, dass eigene Gleisanschlüsse zweckmäßig sind. Dadurch waren hinsichtlich der Standortwahl von Industrieflächen wesentlich mehr Freizügigkeiten möglich gegenüber bisherigen Bindungen an nahe gelegene Rohstoffquellen oder Wasserstraßen.
Die Errichtung der Metall verarbeitenden Industrie im Zusammenhang mit dem Bau der Dresden-Leipziger Eisenbahn und die gleismäßige Anbindung der nordwestlich des Dresdner Bahnhofs gelegenen ersten Gasanstalt belegen beispielhaft diese Feststellung.

Magdeburger Bahnhof um 1900

Abfahrt.

Thüringer Bahnhof um 1862

Seit Eröffnung der Dresden-Leipziger Eisenbahn 1839 entwickelten sich bis 1870 die Vorstädte zu Lasten der vor Leipzig liegenden Gartenanlagen. Die sich erweiternden Stadtteile waren bereits – zuerst im Osten – von Fabrikanlagen durchsetzt. Es bildete sich bei der nun zusätzlich entstandenen Wohnbebauung eine Mischstruktur heraus. Die weitere städtische Bebauung musste sich an den bestehenden Eisenbahnanlagen orientieren, die insbesondere mit den Bahnhöfen große Flächen einnahmen.

Positiv wirkte sich jedoch die radiale Lage der Kopfbahnhöfe aus, so dass die Erweiterung der Stadt in radialer Richtung durch die Bahnhofsanlagen nicht beeinträchtigt wurde, sieht man von dem Ausnahmefall des Kohlen- und Produktenbahnhofs ab. Negative Auswirkungen hatten jedoch die Streckengleise, die mit den Hauptstraßen auf einem Niveau lagen. So führte zum Beispiel die Thüringer Bahn mitten durch das Dorf Gohlis, und die Verbindungsbahn vom Berliner zum Bayerischen Bahnhof querte die Straßen von Reudnitz und Schönefeld.

Die Stadtentwicklung hatte die ursprünglich im Vorlauf errichteten Eisenbahnanlagen eingeholt. Die Eisenbahn hatte jedoch die Stadtentwicklung in dieser Form überhaupt erst ermöglicht und begünstigt. Nun war sie der weiteren Entwicklung im Wege, ohne dass auf sie hätte verzichtet werden können. So entstand die Notwendigkeit einer baulichen Veränderung der bestehenden Bahnanlagen, um die Stadtentwicklung zu fördern und die den Verkehrsablauf hemmenden Barrieren weitgehend zu beseitigen und anlagenseitig zukunftsgerechte Lösungen zu verwirklichen.

Die vielfältigen Aufgaben des Personen-, Güterrangier- und -zugbildungsverkehrs, die auch quantitativ immer mehr wuchsen, verlangten außerdem neue Qualitäten in der Technologie, die ihrerseits Forderungen nach neuen Verkehrsanlagen nach sich zogen und damit die Bereitstellung weiterer Flächen im stadtnahen Bereich und innerhalb der Stadt erzwangen.

Dresdner Bahnhof um 1865

Der Einfluss der Eisenbahnanlagen auf die Stadtentwicklung am Ende des 19. Jahrhunderts
Carl Heine, Leipziger Wirtschaftsexperte mit großem Weitblick, setzte ab 1873 den Gedanken der Gleisanbindung von Industriebetrieben durch. [13] Als 1874 die ersten drei Industriegleise in der Nähe der Zschocherschen und der Gießerstraße realisiert wurden, war Heine seinem Plan, das Dorf Plagwitz zu einem Industrieort zu entwickeln, einen Schritt näher. In der Folgezeit erhielten bestehende Fabriken Gleisanschlüsse. Bei Gründungen von Betrieben unterschiedlicher Industriezweige wurde die Nähe von Anschlussgleisen bevorzugt.

Die Industriegleise ermöglichten 37 Fabriken unmittelbare Wagenzuführungen. Der 1879 erfolgte Anschluss an die Gaschwitz-Plagwitzer Eisenbahn förderte den Industrieverkehr, der allerdings durch die fehlende Direktverbindung zu den Bahnhöfen im Norden und Osten von Leipzig noch relativ umständlich abgewickelt werden musste. Diesen Mangel beseitigte die 1888 eröffnete 5,9 Kilometer lange Güterstrecke („Leipzig-Plagwitzer-Verbindungsbahn") im Süden der Stadt, mit deren Realisierung auch eine Regulierung von Elster und Pleiße erfolgte. [14]

Eine ähnliche Entwicklung wie in Plagwitz vollzog sich auch in anderen Vororten von Leipzig. In der Nähe der Industrie siedelte sich die berufstätige Bevölkerung an, so dass die Einwohnerzahl der Vororte schneller wuchs als in den Jahren vorher. Besonders stark war die Zunahme in Gohlis, Großzschocher, Lindenau und Plagwitz. Die Orte Neuschönefeld, Volkmarsdorf, Sellerhausen, Reudnitz, Anger-Crottendorf, Stötteritz, Connewitz und Gohlis waren inzwischen mit der Stadt zusammengewachsen und wurden schrittweise eingemeindet. Das betraf auch die westlich der Auen relativ separat entwickelten Orte, die ebenfalls Bestandteil der Stadt wurden. Der fördernde Einfluss der Eisenbahn auf den Messeverkehr und der Übergang von der Warenmesse zur Mustermesse sei hier nur angedeutet.

Neben den erläuterten notwendigen Veränderungen an bestehenden Eisenbahnanlagen waren zahlreiche Neubauten erforderlich, die erhebliche Auswirkungen auf die Stadtstruktur hatten. So waren zum Beispiel die bestehenden Bahnhöfe nicht mehr in der Lage, die wachsenden Aufgaben des Personen-, Güterrangier- und -zugbildungsverkehrs zu bewältigen. Deshalb wurde mit dem Rangierbahnhof ein neuer Bahnhofstyp für eisenbahnbetriebliche Aufgaben geschaffen. Außerdem erforderten die verschiedenen Bahnhöfe – die unterschiedlichen Gesellschaften unterstanden – die Anlage eines Übergabebahnhofes, um den Übergang von Güterwagen der einen auf die andere Strecke zu erleichtern.

Diese Bedingungen führten in den Jahren von 1873 bis 1878 unter anderem zu folgenden Maßnahmen:

1. Nördlich von Thüringer, Magdeburger und Dresdner Bahnhof wurde von der Sächsischen Eisenbahnverwaltung auf Kosten aller dort endenden Bahnen ein Übergabebahn-

Thüringer Bahnhof um 1890

BAHNHOF.

Eisenbahnanlagen in Leipzig im Jahre 1891 (Bahnhöfe: 1 Thüringer Bahnhof, 2 Magdeburger Bahnhof, 3 Dresdner Bahnhof, 4 Berliner Bahnhof, 5 Eilenburger Bahnhof, 6 Bayerischer Bahnhof, 7 Rangierbahnhof Engelsdorf; Verbindungsbahnen: 8 zum Bayerischen Bahnhof, 9 Bayerischer Bahnhof–Plagwitz, 10 Plagwitz–Gaschwitz)

hof an der neuen Dresdner Strecke errichtet. Dadurch belastete der durchgehende Güterwagenverkehr die Gleisanlagen der bestehenden Bahnhöfe und die Ortsgüteranlagen nicht mehr.

2. Die Thüringer Bahn wurde in Trasse und Gradiente (Neigung des Verkehrsweges) verlegt; damit wurde Gohlis entlastet. Allerdings – und das gilt für alle derartigen Maßnahmen – erforderte die niveaufreie Führung beträchtliche Aufwendungen. Dort, wo die Bahn in der Hochlage verlief, entstanden zudem mit dem „Wohnen hinter der Bahn" Probleme der sozialen Kategorisierung. [15]

3. Für Zugbildungsaufgaben wurden auf verschiedenen Standorten Rangierbahnhöfe geplant, zum Beispiel in Eutritzsch, Leutzsch, Schönefeld, Sellerhausen. Als zukunftsgerechte Lösung dafür erwies sich der 1874 bis 1876 errichtete Rangierbahnhof Engelsdorf, in dem zunächst die über die Strecke Leipzig-Dresden hinausgehenden Güterzüge behandelt und die nach Leipzig verkehrenden Güterzüge nach Empfängern der Wagen geordnet wurden.

4. Die 1851 angelegte, durch die heutige Johannisallee führende Leipzig-Hofer Verbindungsbahn zum Bayerischen Bahnhof lag inzwischen innerhalb der Bebauung und wurde deshalb wegen ihrer störenden Auswirkungen – insbesondere wegen der schienengleichen Wegübergänge – beseitigt. Die neue, von 1874 bis 1878 gebaute Verbindungsbahn wurde stadtauswärts in östliche Richtung bis außerhalb der damaligen Bebauung verschoben und niveaufrei in der heute noch vorhandenen Lage errichtet. Verstärkte Bautätigkeit und Eingemeindungen ließen auch diese Verbindungsbahn nach wenigen Jahren wieder in eine Lage innerhalb des bebauten Stadtgebietes kommen, deren Nachteil jedoch durch die niveaufreie Führung gemindert wurde.

5. Der die Ausdehnung der Südvorstadt stark behindernde „Kohlen- und Produktenbahnhof" – etwa in Höhe der heutigen Körnerstraße gelegen – wurde 1876 bis 1878 nach Verhandlungen zwischen der Stadt Leipzig und der Direktion der Sächsisch-Bayrischen Eisenbahn als neuer „Kohlen- und Rangierbahnhof" in radialer Richtung parallel zum

Bayerischen Bahnhof errichtet. Die ehemalige Bahnhofsfläche wurde danach in die städtische Bebauung einbezogen. Bemerkenswert ist in diesem Zusammenhang, dass bereits der Stadtplan von 1870 das über der Fläche dieses Bahnhofs angelegte und später verwirklichte Straßenraster enthält.

Der neue Hauptbahnhof und seine Auswirkungen

Die bisherigen Bahnhofsanlagen einschließlich der Hochbauten der im Norden liegenden Bahnhöfe sollten bereits in den 50er-Jahren des 19. Jahrhunderts umgebaut werden, um den provisorischen Charakter mancher Anlagen zu beseitigen und um günstigere Übergangsmöglichkeiten zwischen den Bahnhöfen zu schaffen.

Doch es gab Schwierigkeiten unterschiedlicher Art, die das Vorhaben verzögerten.

„Den Bahnhof in Leipzig ... hat man seit dem Jahre 1862 umzubauen begonnen, nachdem vielfache Verhandlungen mit der Magdeburg-Leipziger Eisenbahn-Gesellschaft, eine Vereinbarung über einen völlig gemeinschaftlichen und übereinstimmenden Bau der beiden aneinandergrenzenden Bahnhöfe (Gemeint sind Magdeburger und Dresdner Bahnhof. Anm. d. A.) herbeizuführen, wegen in örtlichen wie in Betriebsverhältnissen liegenden Schwierigkeiten zu einem Resultate nicht geführt hatten ... Es werden somit in diesem Jahre (Das Zitat bezieht sich auf das Jahr 1864. Anm. d. A.) alle baulichen Anlagen, welche die Eröffnung der Bahn gesehen haben, verschwinden". [16]

Dennoch wurde dadurch keine definitive Verbesserung erreicht und Ende des 19. Jahrhunderts waren die Bahnhöfe trotz der partiellen Umbauten ihren Aufgaben im Reiseverkehr und in der Betriebsabwicklung nicht mehr in genügender Qualität gewachsen. So wurde 1887 der Bau eines gemeinschaftlichen Hauptbahnhofes trotz unterschiedlicher Besitzverhältnisse beschlossen.

Die Planungen sahen vor, im Süden den Bayerischen Bahnhof bestehen zu lassen und im Norden einen gemeinschaftlichen Bahnhof anzulegen, in den die Strecken aus Dresden, Magdeburg, Thüringen, Berlin und Eilenburg einzuführen waren. Ob diese Zielstellung jedoch durch einen einzigen großen Kopfbahnhof an der Stelle der bisherigen Bahnhöfe oder mit einem in der Flur Schönefeld vorgesehenen Durchgangsbahnhof erreicht werden sollte, war Gegenstand intensiver Auseinandersetzungen zwischen der preußischen und sächsischen Seite. Schließlich setzte sich die preußische Seite durch, und die Entscheidung fiel zu Gunsten des Kopfbahnhofes in zentrumsnaher Lage.

Reste des Thüringer Bahnhofes 1907

Ab 1902 begannen Streckenverlegungen und weitere vorbereitende Bauarbeiten bei Aufrechterhaltung des Eisenbahnbetriebes. Von 1907 bis 1913 wurde – vom Thüringer Bahnhof aus – die bisherige Bausubstanz abgebrochen. 1906 hatte ein von der preußischen und von der sächsischen Regierung gemeinsam ausgeschriebener Wettbewerb für das Empfangsgebäude stattgefunden, welches – den Ausschreibungsbedingungen gemäß – den Dualismus von Preußen und Sachsen in e i n e m Bauwerk widerspiegeln musste. [17]

So wurde der westliche Teil des symmetrisch von William Lossow und Max Hans Kühne entworfenen und 1909 bis 1915 errichteten Gebäudes der preußischen und der östliche Teil der sächsischen Eisenbahnverwaltung zugeordnet. Bei den Betriebs- und Verkehrsanlagen waren die Verhältnisse analog. Beispielsweise unterstanden die Bahnsteige 1–13 der preußischen, die Bahnsteige 14–26 der sächsischen Verwaltung.

Dieser Zustand wurde erst 1934 mit der Zuordnung des gesamten Leipziger Hauptbahnhofes zur Reichsbahndirektion Halle beendet.

Der neue, für 137 Millionen Mark errichtete Leipziger Hauptbahnhof fand wegen seiner modernen, leistungsfähigen Betriebs- und Verkehrsanlagen und der Dimension sowie der sachlich-repräsentativen Gestaltung des Empfangsgebäudes national und international starke Beachtung.

Die Lage dieses 1915 Weltniveau verkörpernden Bahnhofes unmittelbar am Stadtzentrum hatte Auswirkungen auf die bauliche und funktionelle Struktur der Umgebung. Bereits 1911 hatte der Stadtbauinspektor Strobel eingeschätzt: „Die Vollendung des Hauptbahnhofes wird zweifellos eine bauliche Umwälzung in der inneren Stadt hervorrufen. Es werden

Bau des Leipziger Hauptbahnhofes – mit Resten des Dresdner Bahnhofes – um 1910

viele alte Bauten abgebrochen werden. Es ist dies eine nie wiederkehrende Gelegenheit, notwendige Verkehrsverbesserungen durchzuführen." [18] Das betraf die dichtere Bebauung der bahnhofsnahen Straßen, die Anlage von Hotels und Messehäusern – insgesamt die Citybildung, die von einer deutlichen Verlagerung der Wohnbevölkerung aus dem nunmehrigen Stadtzentrum gekennzeichnet war. Anstelle bisheriger Wohnhäuser entstanden neue Geschäftsbereiche mit Messepalästen, Warenhäusern, Banken und Verwaltungsgebäuden, die ihrerseits immer mehr Geschäfte, Büros, Gaststätten und Cafés anzogen, die den Ansprüchen der wachsenden Großstadt genügen sollten.

Die Struktur des so entstandenen Stadtzentrums mit seinen vielfältigen Funktionen ist im Wesentlichen eine Folge der Eisenbahnentwicklung und der Anlage des Hauptbahnhofes, der auf die Handelswelt eine stark anziehende Wirkung ausübte. Zugleich wurde der Bahnhofsvorplatz ein stark frequentierter Knotenpunkt des innerstädtischen Verkehrs, der zudem den Fernverkehr mit dem Stadtverkehr verknüpfte.

Innerstädtischer Verkehr und Stadtentwicklung

Die Entwicklung der innerstädtischen Verkehrsmittel

Der Öffentliche Personennahverkehr Leipzigs wurde 1841 eingerichtet – mit dem Fiaker-Verein als „Droschkenunternehmung für Leipzig und dessen nächste Umgebung", der auch die umliegenden Vororte bediente. Zwanzig Jahre später nahm die „Leipziger Omnibus-Gesellschaft" mit Pferdeomnibussen ihren Betrieb auf. Die Streckenführung verlief in Gebieten mit dichter Bebauung, wo ein entsprechendes Beförderungsaufkommen zu erwarten war. Außerdem wurde für Reisende der Eisenbahn ein Zubringerdienst zum Dresdner, Magdeburger, Thüringer und Berliner Bahnhof eingerichtet.

Die seit 1872 betriebene Pferdestraßenbahn („Leipziger Pferde-Eisenbahn") ermöglichte im Laufe ihrer Entwicklung den eisenbahnfernen Stadtteilen angemessene Verkehrsanbindungen sowie die innerstädtische Verbindung zu den gesellschaftlichen Zentren und zu den Personenbahnhöfen. Alle eingerichteten Linien führten zum Augustusplatz, wo sie ihre „Zentralstation" hatten.

Die Pferdebahn war zum wichtigsten innerstädtischen Verkehrsmittel geworden, das die – durch die Ausdehnung der Stadt und die Trennung von Wohn- und Arbeitsstätten – länger werdenden Arbeitswege im Berufsverkehr zu überwinden half. Die Ausdehnung der Stadt und die Zunahme der Einwohnerzahl kam vor allem durch weitere Eingemeindungen zu Stande.

Hauptbahnhofsvorplatz um 1915

Pferdebahn: Bereits 1842 hatte mit Fertigstellung des Bayerischen Bahnhofes die „Sächsisch-Bayrische Eisenbahngesellschaft" den Bau einer Pferdebahn beabsichtigt, die zwischen dem neuen Bahnhof und den bereits bestehenden Bahnhöfen der Dresdner, Magdeburger und Thüringer Eisenbahn eine Gleisverbindung durch die Straßen herstellen sollte. Diese Anlage – vorwiegend für Gütertransporte gedacht – wurde jedoch nicht gebaut. [19]

Zeitleiste	
1871	Erste deutsche Fahrplankonferenz in München
1878	Aufgabe der ersten Verbindungsbahn zwischen Bayerischem Bahnhof und Dresdner Bahnhof durch Reudnitz; Verlegung der Dresdner Eisenbahn aus der heutigen Eisenbahnstraße nach Norden
1883	Erweiterung des Bayerischen Bahnhofes um einen 260 Meter langen Zungenbahnsteig auf der Abfahrtseite
1887	Erweiterung des Dresdner Bahnhofes
1888	Inbetriebnahme der sechs Kilometer langen Verbindungsbahn Bayerischer Bahnhof–Connewitz–Plagwitz
1890	Über 1,5 Millionen Abreisende am Bayerischen Bahnhof
1891	Schließung des Berliner Bahnhofes für den Personenverkehr; die Züge fahren bis zum Bayerischen Bahnhof durch.
1892	Vorschlag der Sächsischen Staatseisenbahnverwaltung, einen Zentralbahnhof zu errichten und den Bayerischen Bahnhof mit einer Stadtbahn zu verbinden
1898	Entscheidung Preußens, Sachsens und der Stadt Leipzig, einen Zentralbahnhof als Kopfbahnhof an seinem jetzigen Standort zu bauen
Um 1900	Leipzig weist ca. 450 000 Einwohner auf.

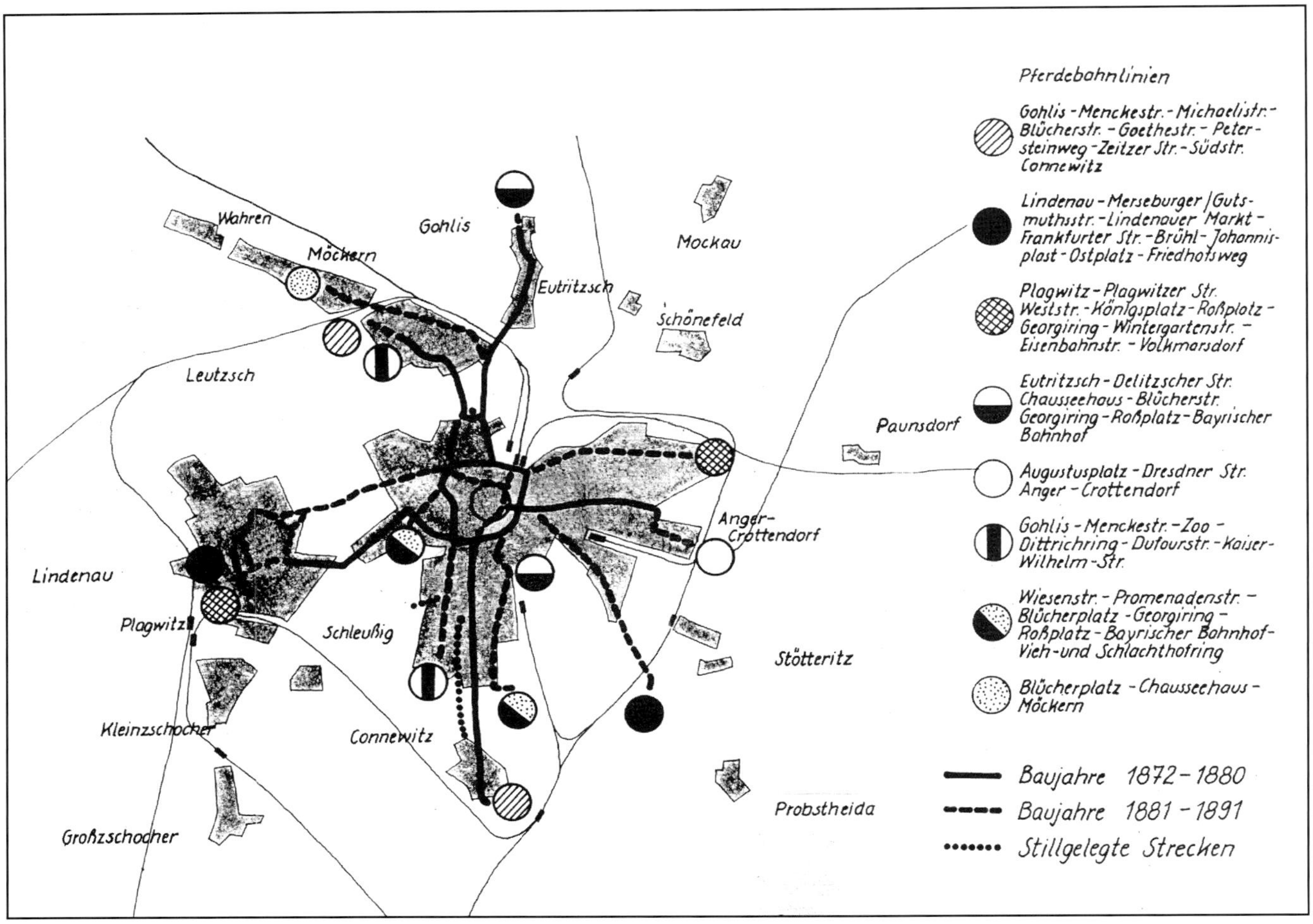

Streckennetz der Pferdebahn von 1895

Aber schon um 1890 war erkennbar, dass „die langsame Pferdebahn mit ihren Einzelwagen dem zunehmenden Verkehrsaufkommen auf den sich ständig ausdehnenden Strecken kaum noch gerecht werden konnte.“ [19] Ein leistungsfähigerer Nahverkehr wurde notwendig. So begann 1896 der elektrische Straßenbahnbetrieb in Leipzig, nachdem andere deutsche Städte bereits Erfahrungen gesammelt hatten: 1881 Lichterfelde bei Berlin, 1884 Offenbach, 1891 Halle, 1893 Dresden und Chemnitz, 1894 Erfurt und 1895 München.

Ab 1900 erschloss die „Leipziger Außenbahn“, die nur Überlandlinien betrieb, das Umland der Stadt. 1913 wurde die „Leipziger Allgemeine Kraftomnibus AG“ gegründet, die fünf Linien – teilweise parallel zu Straßenbahnlinien – mit Doppelstockomnibussen unterhielt. Damit war für die fast 600 000 Einwohner zählende Stadt ein leistungsfähiges Nahverkehrssystem entstanden.

Die Planung einer Verbindungsbahn
Im Reiseverkehr konnte die 1,7 Kilometer lange Strecke zwischen Hauptbahnhof und Bayerischem Bahnhof nur durch die Zwischenschaltung städtischer Verkehrsmittel überwunden werden. Dieser mehrfach gebrochene Verkehr war unbequem und erforderte hohen Zeitaufwand. So wurde die Forderung nach einer Verbindung beider Kopfbahnhöfe immer dringender. Die seinerzeit fünf Kilometer, später circa zehn Kilometer lange Verbindungsbahn zwischen den nördlichen Bahnhöfen und dem Bayerischen Bahnhof konnte wegen ihrer peripheren Lage die Anforderungen nach verkehrlicher Anbindung des Zentrums und kurzer Fahrzeit nicht erfüllen.

Schon bei Errichtung der Sächsisch-Bayrischen Eisenbahn 1841 war die Herstellung einer kurzen Direktverbindung zwischen Dresdner beziehungsweise Magdeburger und Bayerischem Bahnhof in Geländehöhe erwogen worden. Die 1847 genehmigte [10] und außerhalb der damaligen Bebauung angelegte Verbindungsbahn auf der Ostseite der Stadt war dazu eine – wenn auch in ihrer Wirksamkeit begrenzte – Alternative. Über die vorteil-

Der Augustusplatz vor 1927

hafteste Lage der Verbindungsbahn – Ostseite oder Westseite der Stadt – haben J. E. Günther und Carl Heine ausführliche Untersuchungen angestellt. Von ihnen wurde die Westseite im Hinblick auf die Stadtentwicklung günstiger bewertet. [12]

1891, als über die Lösung des künftigen Hauptbahnhofes noch keine endgültigen Vorstellungen vorlagen, wurden Überlegungen zur direkten Verbindung der drei Kopfbahnhöfe der Thüringer, Magdeburger und Dresdner Bahn mit dem Bayerischen Bahnhof ausgearbeitet. Dabei gingen die Planer in Ergänzung zu bisherigen Erwägungen von einer Einbeziehung der Eisenbahn in innerstädtische Verkehrsaufgaben aus. Die Verbindungsbahn wurde daher als notwendige Voraussetzung für den Aufbau eines Stadtbahnsystems angesehen.

Die Bedeutung einer solchen Stadtbahn im innerstädtischen Verkehr untersuchte 1893 Hasse am Beispiel Berlins und übertrug die Schlussfolgerungen auf Leipzig:

„Wie aber die Berliner Stadtbahn ohne allen Zweifel eines der wirksamsten Mittel gewesen ist, der Stadt Berlin unter den Millionenstädten Europas ihre jetzige Rangstellung zu erringen und die Stadt nicht nur an Menschenmassen anschwellen, sondern für diese auch eine Organisation des Wirtschaftens und Lebens finden zu lassen – so meinen wir, dass auch eine Leipziger Stadtbahn dazu beitragen könnte, der zwar großen, aber doch noch recht wenig großstädtischen Stadt Leipzig die Verkehrsbedingungen zu schaffen, die erforderlich sind, um ein wirkliches großstädtisches Leben in Handel und Wandel, im Arbeiten, im Wohnen und in der Erholung zu ermöglichen …

Den Eisenbahnen haben wir die bisherigen massenhaften Menschenanhäufungen zu danken oder je nach Art der Auffassung Schuld zu geben. Diese Anhäufungen verlangen aber, wenn ihre Reibungen auf die Dauer nicht lästig und unerträglich werden sollen, eine Gliederung und eine Organisation, die sie nur bei der Leichtigkeit, Bequemlichkeit und Billigkeit der Ortsveränderung finden können." [20]

Bei näheren Untersuchungen kam Hasse zu „gewichtigen Bedenken gegen den Bau und den Betrieb einer ... unterirdischen Eisenbahn". Zweifel äußerte er insbesondere hinsichtlich des Ausmaßes des Tunnels, seiner Erweiterungsfähigkeit, der Schwierigkeiten bei der Gradientengestaltung und der Rauchentwicklung im Tunnel. Daher schlug er eine viergleisige Hochbahn mit einer Trassierung – wie nebenstehend abgebildet – vor, bei der eine lichte Höhe von 4,40 Meter und eine Breite von 16 Meter einzuhalten war.

Dabei sollte von vornherein „die Möglichkeit, ein zweites Stockwerk aufzusetzen, um in diesem eine elektrische Hochbahn laufen zu lassen", berücksichtigt werden. Ästhetische Bedenken gegen eine solche Lösung wurden zurückgewiesen mit dem Argument: „Die wirtschaftlichen Rücksichten verlangen ... unseres Erachtens in so wichtigen Fragen unter allen Umständen den Vorrang vor den Schönheitsrücksichten."[20]

In diesem Zusammenhang wird betont, „dass Brückenkonstruktionen ... ein Städtebild nicht zu entstellen brauchen ... An der Spitze unseres Leipziger öffentlichen Bauwesens stehen ... so geniale Künstler, dass man von ihnen für diese Brückenkonstruktionen und deren Verblendungen Vorschläge erwarten darf, die in keinem Falle zur Entstellung der einzelnen Straßenbilder führen." Der Charakter Leipzigs als einer Stadt der „Durchgänge und Durchhöfe" sollte nach dem Vorbild der Berliner Stadtbahnbogen oder besser „in der Art eines ununterbrochenen bedeckten Ganges" bewahrt werden. [20]

Hasse empfiehlt abschließend die Realisierung der Verbindungsbahn in Hochlage: „... also deshalb als beste Lösung unserer Zentralbahnhofsfrage, als Bindeglied zwischen der Vielheit unserer Bahnhöfe, als Schlussglied zwischen unseren beiden Ringbahnen eine Stadtbahn kühn und hoch durch den Mittelpunkt des Leipziger Verkehrs, durch die innere Stadt gelegt." [20]

Ringbahnen: Unter „Ringbahnen" werden hier der „Ostring" vom Bayerischen Bahnhof zum Dresdner und Berliner Bahnhof mit circa zehn Kilometer Länge und der „Westring" vom Bayerischen Bahnhof nach Plagwitz, Lindenau, Leutzsch zum Thüringer Bahnhof mit 20 Kilometer Länge verstanden. Geschlossene Ringe könnten jedoch erst durch die Verbindungsbahn entstehen, die „Ostring" und „Westring" jeweils um circa zwei Kilometer verlängern würde.

Erst während des Baues des Hauptbahnhofes rückte die Realisierung einer Verbindungsbahn näher. Allerdings war infolge inzwischen durchgeführter Untersuchungen die Gradiente zu Gunsten einer unterirdischen Führung festgelegt worden.

Aufgrund eines Auftrages der Stadt Leipzig wurde von der Firma Siemens-Halske 1911 ein

Zeitleiste	
1902-1915	Bau des Leipziger Hauptbahnhofes
1905	Erstmals wird der Bayerische Bahnhof als „abbruchreif" angesehen. 1906 werden von der Ständeversammlung Sachsens derartige Überlegungen verworfen.
1906	Ausschreibung für den Architektenwettbewerb: Empfangsgebäude des Hauptbahnhofes
1910	Der neue Postbahnhof geht in Betrieb.
1911	Einweihung des Leipziger Flugplatzes
1912	Inbetriebnahme des preußischen (westlichen) Teiles des Hauptbahnhofes durch Einführung der Thüringer Linien; ab September fahren alle Züge aus Berlin und Halle in den Hauptbahnhof. Ende September fährt der letzte Fernschnellzug vom Bayerischen Bahnhof. Im Oktober beginnen die Abbrucharbeiten am Berliner Bahnhof und am Magdeburger Bahnhof.
1913	Der Dresdner Bahnhof wird geschlossen. Baubeginn für den U-Bahn-Tunnel, der für den elektrischen Betrieb vorgesehen war
1913	Mit der Gründung der Deutschen Bücherei unterstreicht Leipzig seine Rolle als Buchstadt.
1914	Beginn des Ersten Weltkrieges

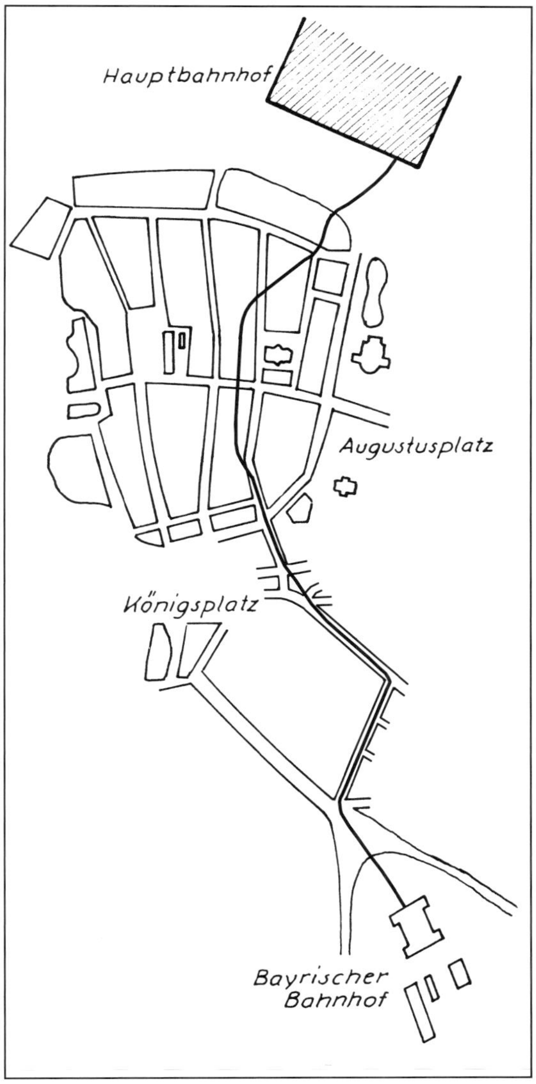

Trasse der 1893 geplanten Hochbahn zum Bayerischen Bahnhof

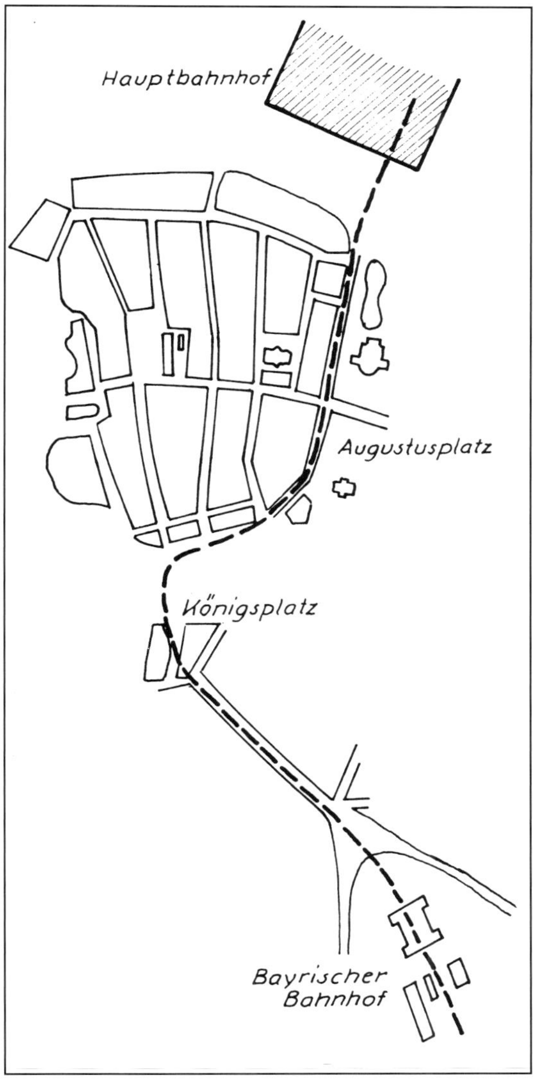

Unterirdischer Trassenabschnitt der Vorortbahn Hauptbahnhof-Bayerischer Bahnhof

Vorschlag für eine elektrische, unterirdische Verbindungsbahn ausgearbeitet:
„Es liegt nahe, diese beiden getrennten Bahnhöfe mittels einer Untergrundbahn zu verbinden, welche die Durchführung der Vorortzüge unter Berührung zweier besonders verkehrsreicher Plätze der inneren Stadt, nämlich des Augustusplatzes und des Königsplatzes (heute: Wilhelm-Leuschner-Platz) ermöglicht; werden zugleich die Vorortstrecken vom Hauptbahnhof östlich bis Borsdorf und vom Bayerischen Bahnhof südlich bis Gaschwitz für elektrischen Betrieb unter Neuherstellung (im Osten) beziehungsweise Überweisung (im Süden) eines besonderen Gleispaares ausgebaut, so ergibt sich eine durchgehende elektrische Stadtbahn Borsdorf-Gaschwitz von 22,8 Kilometer Länge, die sich etwa mit der Hamburger Stadt- und Vorortbahn Blankenese-Ohlsdorf von 26,7 Kilometer Länge vergleichen lässt. Allerdings wird die Leipziger Stadtbahn Borsdorf-Gaschwitz der Hamburger Stadtbahn Blankenese-Ohlsdorf in zweifacher Hinsicht überlegen sein, nämlich darin, dass sie nicht wie jene einen Kopfbahnhof enthält, und dadurch, dass sie weit tiefer in die Geschäftsgegend vordringt.“ [21]

Auch die Verkehrsanbindung bebauter oder zur Bebauung vorgesehener Flächen im Osten und Süden der Stadt sollte „die weitere Entwicklung von Groß-Leipzig besonders hinsichtlich der Wohnungsverhältnisse in erheblichem Maße günstiger beeinflussen.“ Dabei erhoffte man sich durch die drei neuen Haltestellen „Sellerhausen“, „Torgauer Straße“ und „Schönefeld“ im Ostteil der Strecke neben der Erschließung vorhandener Besiedlung „eine sehr rasche Bebauung des in ihrer Nähe – besonders auf der Nordseite der Stadtbahn – noch offenen Geländes.“

Für den Südteil der Strecke gab es ähnliche Erwartungen: Die neuen Haltestellen

Der Hauptbahnhof vor der Fertigstellung um 1915

Der Querbahnsteig im Hauptbahnhof 1916

„Kronprinzenstraße" für „das neue Stadtviertel, welches demnächst ostwärts an der Straße des 18. Oktober entstehen wird" und „Waisenhausstraße" sollten zum „Gedeihen der bereits in der Entwicklung begriffenen Gartenstadt Marienbrunn" beitragen. [21]

Der unterirdische Teil der Strecke verlief unter dem Bahnhofsvorplatz (vom Ostflügel des Empfangsgebäudes aus) in Richtung Goethestraße, Augustusplatz, Schillerstraße, Königsplatz, Windmühlenstraße, um im Bereich des Bayerischen Bahnhofes über eine Rampe wieder die Geländehöhe zu erreichen. In diesem Teil der Strecke waren die Haltestellen „Hauptbahnhof", „Augustusplatz", „Königsplatz" und „Bayerischer Platz" unterirdisch vorgesehen.

Die verkehrliche Bedeutung der beiden mittleren Haltestellen leitete man aus ihrer Lage „für die Geschäftsstadt" ab, denn sie „werden ihre Eingänge den beiden wichtigsten Verkehrsadern des Stadtkerns, der Grimmaischen Straße und der Petersstraße, zukehren." [21]

Diese Trassenführung wäre auch aus heutiger Sicht eine mögliche Lösung gewesen.

Bei der gewählten Trassenführung wurden jedoch an der südlichen Bebauung zwischen Königsplatz und Markthallenstraße vier größere Gebäude in Mitleidenschaft gezogen. Dies hätte jedoch bei der durch verkehrliche Prämissen festgelegten Linienführung durchaus in Kauf genommen werden können.

Die als „Untergrundbahn" definierte Verbindungsbahn war mit einer Gradiente in extrem flacher Tiefenlage nach heutigem Verständnis eine Unterpflasterbahn, die ihr Vorbild sicher in der älteren Berliner U-Bahn-Bauweise hatte. Die einfache Tiefenlage ließ abschnittsweise nur 40 bis 50 Zentimeter freien Raum zwischen Tunneldecke und Geländeoberkante für die Straßenbefestigung, so dass querende Ver- und Entsorgungsleitungen gedükert werden sollten.

Dükern: Rohrleitungen werden unter Hindernissen – wie zum Beispiel Bäche, Wege oder andere Leitungen – nach dem Prinzip kommunizierender Röhren entlanggeführt. Eine solche Rohranlage bezeichnet man als Düker.

Die angewendete maximale Gradientenneigung von 33,3 Promille erlaubte eine gute Anpassung an den Verlauf der Geländeoberfläche.

Die vorgesehene Verbindungsbahn sollte keinen „Übergang der Betriebsmittel von Hauptbahnen" ermöglichen und eine „strategische Bedeutung" wurde ihr auch nicht beigemessen. [21] Deshalb erwogen die Gutachter im Hinblick auf die Tunnelstrecke ein eingeschränktes Lichtraumprofil, jedoch nicht so geringen Ausmaßes wie bei der Berliner Untergrundbahn. Trotz dieser Überlegungen war an eine Stromzuführung über Oberleitung gedacht.

Lichtraumprofil: lichter Raum eines Fahrweges, der durch die Größe des Fahrzeuges samt seiner Wank- und Schlingerbewegungen bestimmt wird: Die Bahn definiert das Lichtraumprofil als exakt einzuhaltenden lichten Raum, in den bauliche Anlagen und Gegenstände nicht hineinragen dürfen. Er wird zum Beispiel bei elektrifizierten Strecken vertikal begrenzt durch die Schienenoberkante und durch die Oberleitung.

Weitere Zweiglinien wurden für die Zukunft nicht ausgeschlossen. Dabei sollten bei günstigen Verbindungen in den Bereich der Vororte „hier allenthalben Wohnstätten für Familien entstehen, deren erwerbstätige

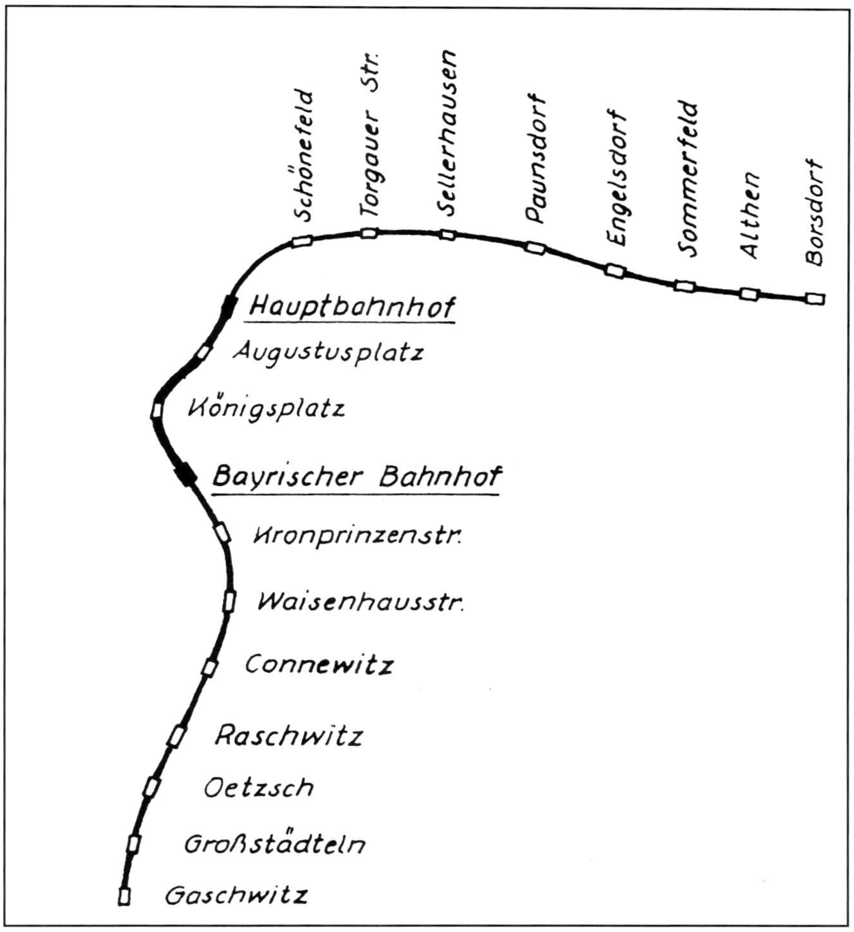

Trasse der 1911 geplanten Vorortbahn Borsdorf-Gaschwitz

Mitglieder ihrem Beruf in Leipzig nachgehen. … Die künftige Entwicklung von Groß-Leipzig wäre damit in sehr gesunde Wege gelenkt.“ [21]

Obgleich die verkehrliche und städtebauliche Notwendigkeit für die Verbindungsbahn nach wie vor unbestritten war und entsprechende Untersuchungen das auch in der Folgezeit mehrfach bestätigten, beschränkte man sich beim Bau des Hauptbahnhofes auf die Realisierung eines circa 200 Meter langen Tunnelstumpfes von der Ostseite des Empfangsgebäudes in Richtung Goethestraße. Der erste Weltkrieg verhinderte die Weiterführung der Arbeiten, die angesichts vorliegender Erfahrungen aus Berlin und Hamburg mit großer Wahrscheinlichkeit erfolgreich verlaufen wären.

Die Rolle der Eisenbahn im ersten Generalbebauungsplan

Den ersten Generalbebauungsplan für Leipzig legte 1929 das Stadterweiterungsamt vor – unter Einbeziehung früherer Überlegungen.

Damit wurde eine neue Qualität in der Leipziger Stadtplanung erreicht. Der Plan war nach dem von Köln (1923) und Essen (1927) der dritte deutsche Generalbebauungsplan überhaupt; er zeigte strategische Linien für die Stadtentwicklung auf und zeichnete sich durch eine komplexe Betrachtung von Bebauungs- und Verkehrsstruktur aus. Schon in der Vorbereitungsphase des Generalbebauungsplanes wurden bestehende Pläne und Verkehrsanlagen kritisch bewertet; dazu gehörte die negative Beurteilung des Leipziger Hauptbahnhofes in Kopfform durch den damals führenden deutschen Verkehrswissenschaftler Prof. Dr.-Ing. Otto Blum von der Technischen Hochschule Hannover. Diese Kritik fand auch beim Architekten und Stadtbaurat Hubert Ritter Resonanz.

Generell vertrat Blum die Auffassung, dass man im Interesse der Entwicklung einer Stadt auf „tadellose Anlagen der Eisenbahn Wert legen“ muss. „Nicht die Eisenbahn, sondern die Stadt hat Interesse an der besten Eisenbahn.“ Im Generalverkehrsplan müssten Eisenbahn und Städtebau in gutem Einvernehmen arbeiten, denn beide seien aufeinander angewiesen. Aber auch im Fernverkehr auf Schiene, Straße und in der Luft sollte Leipzig wegen seiner zentralen Lage eine weitere Aufwertung erfahren.

› Gesamtbebauungsplanung: Bereits 1875 wurde die Forderung nach einem Gesamtbebauungsplan damit begründet, dass die mit den bis dahin üblichen Stadtteilbebauungsplänen erzielbaren Planungseffekte nur partiell wirken und in manchen Fällen einer Gesamtplanung für die Stadt Leipzig mit inzwischen mehr als 120 000 Einwohnern sogar hinderlich sein konnten. Erst 1911 wurde der Gedanke einer Gesamtbebauungsplanung mit der Forderung nach einem Generalbebauungsplan für die zur Halbmillionenstadt gewachsene Messemetropole erneut aufgegriffen und mit der Schaffung notwendiger Unterlagen vorangetrieben. Der erste Weltkrieg unterbrach die Arbeiten, die dann in den zwanziger Jahren zielstrebig fortgesetzt wurden. Vergleichende Betrachtungen berechtigen zu der Feststellung, dass die Leipziger Stadtplanung in dieser Etappe auf der Höhe ihrer Zeit stand und in manchem wissenschaftlichen Meinungsstreit das fachliche Niveau mitbestimmte.

Der Generalbebauungsplan geht von geografischen, geschichtlichen, wirtschaftlichen und soziologischen Bedingungen Leipzigs aus, behandelt dann Verkehrsfragen und schließlich die Flächennutzung für die Funktionen Arbeiten, Wohnen und Erholen. Die abschließenden Kapitel befassen sich mit dem Zusammenhang von Stadt und Umland sowie mit der Durchführung des Generalbebauungsplanes.

Der umfangreichste Abschnitt des Teiles „Verkehr“ widmete sich der Eisenbahn. Dabei wurde festgestellt, dass „die Güterbahnhöfe auch für den Straßenfuhrwerksverkehr Brennpunkte“ seien und ihre verkehrsanziehende Wirkung im Güterverkehr „eine der wichtigsten Lebensäußerungen für den Körper einer Großstadt“ [22] darstellt.

Demzufolge wurde der Einordnung der Güterbahnhöfe im Stadtgebiet beziehungsweise Umland große Aufmerksamkeit geschenkt: Die Bahnhöfe in peripherer Lage (Leipzig/Eutritzsch, Wiederitzsch, Leipzig/Leutzsch, Lindenau, Taucha) wurden zunehmend belastet, während im Bereich des Hauptbahnhofes eine Abnahme des Güterverkehrs zu verzeichnen war. Dies entsprach prinzipiell der in der Verkehrswissenschaft vertretenen Auffassung:

„Die viel gehörte Ansicht des einen Zentralbahnhofs, des einen Zentralgüterbahnhofs, des draußen liegenden Güterbahnhofs, ist irrig; es ist vielmehr notwendig, das ganze Stadtgebiet planmäßig mit den notwendigen Eisenbahnen zu durchsetzen, also ein innerstädtisches Eisenbahnnetz des Fernverkehrs zu schaffen, das vor allem für den Güterverkehr dergestalt bis in die Innenstadt hineinzuführen ist, dass kein Punkt der Stadt weiter als drei Kilometer von einem Güterbahnhof entfernt liegt.“ [23]

Umstritten dagegen waren die zentrumsnahen Anlagen des Personenbahnhofes. Der Leipziger Hauptbahnhof „ist einer der größten und besten Bahnhöfe der Welt. Seine Lage in unmittelbarer Nähe der City ist für Leipzig von

Der Hauptbahnhofsvorplatz: Der Straßenbahnverkehr wird vom übrigen Verkehr getrennt

besonderem Vorteil. Der Massenverkehr der Messefremden erreicht nämlich die Ausstellungs- und Geschäftsräume zum größten Teil, ohne weitere Verkehrsmittel in Anspruch nehmen zu müssen.“ [23]

Trotz dieser Vorzüge wurden die betrieblichen Nachteile des Kopfbahnhofes als so gravierend angesehen, dass bei „Beibehaltung der jetzigen Lage und Form des Hauptbahnhofes die Schnellzüge der Nord-Süd-Richtung vom Hauptbahnhof in einer Untergrundstrecke zum Bayerischen Bahnhof“ durchgeführt werden sollten.

Für die fernere Zukunft war die Verlegung des Hauptbahnhofes um mindestens einen Kilometer nach Norden vorgesehen, um auch für die Ost-West-Richtung einen Durchgangsbahnhof zu erreichen. Bei aller Anerkennung der großen Bedeutung der Eisenbahn und des Hauptbahnhofes für die Stadt Leipzig – „Wie im ganzen Eisenbahnwesen, so sind auch in den Beziehungen zum Städtebau die Bahnhöfe das Wichtigste.“ [24] – ist der starke Einsatz von Hubert Ritter für einen weiter nördlich liegenden Durchgangsbahnhof bemerkenswert.
Es wird hier nicht unterstellt, dass Ritter, der auf dem frei werdenden Hauptbahnhofsgelände „ein Messeforum größten Stiles und bester Organisation errichten“ wollte, für die Durchsetzung seiner Idee eisenbahnbetriebliche Argumente benutzte. Eine Verlegung des Hauptbahnhofes wäre ihm jedoch sicher entgegengekommen.

Überlegungen, neben dem Leipziger Kopfbahnhof zusätzlich einen Durchgangsbahnhof anzuordnen, wurden durch Kloevekorn und Ciesielski vorgelegt (Kloevekorn war Abteilungspräsident in der Reichsbahndirektion Halle, Ciesielski sein Mitarbeiter).

In den Entwürfen gingen sie davon aus, an der Westseite des bestehenden Hauptbahnhofes den Durchgangsbahnhof für die durchfahrenden Züge in Hochlage anzulegen. Die Trasse sollte über Tröndlin-Ring, Friedrich-Engels-Platz (heute: Richard-Wagner-Platz) bis in das Rosental verlaufen, wo eine Trennung in die Richtungen Leutzsch-Großkorbetha und Wahren-Halle vorgesehen war. [25] Diese Vorschläge wurden durch die Stadt Leipzig aus städtebaulichen Gründen abgelehnt.

Auch in der Folgezeit wurden die Überlegungen zur Anlage eines Durchgangsbahnhofes durch das Stadtplanungsamt weitergeführt. Noch in der Zeit des Zweiten Weltkrieges legte Fest Entwürfe zur Umgestaltung des Hauptbahnhofes und zur Gestaltung des Hauptbahnhofsvorplatzes vor. [26]

In den 30er-Jahren wurde der wissenschaftliche Meinungsstreit um das Für und Wider von Kopfbahnhöfen am Beispiel des Leipziger Hauptbahnhofes durch Lehner weitergeführt, der sich wegen der Nachteile für den Fernverkehr gegen die Standortwahl des Leipziger Hauptbahnhofes und für einen „mehr exzentrisch gelegenen Durchgangsbahnhof" [27] aussprach.

Hans Reingruber nimmt dagegen nach dem Zweiten Weltkrieg eine entschiedene Position für einen Bahnhof in zentrumsnaher Lage ein: „Zur Lage des Personenhauptbahnhofs im Großstadtzentrum muss eindeutig die Forderung erhoben werden, ihn als ‚Herz' der Stadt möglichst nahe der ‚City' anzulegen. Die City ist als Geschäftsviertel derjenige zentrale Teil der Großstadt, der im Handel und Verkehr seinen Einfluss über den Raum der inneren Stadt in die Ferne hinausstrahlt und umgekehrt eine entsprechende Anziehungskraft ausübt." Diese Forderung wird noch untermauert: „Jede exzentrische Lage des Personenbahnhofs ... ist unnatürlich und gekünstelt. Sie erzeugt unnötige und daher unwirtschaftliche Verkehrsaufwendungen bei den städtischen Verkehrsmitteln. Das Herz gehört nicht an den Rand."

Prof. Dr.-Ing. Hans Reingruber war von 1934 bis zu seinem Tode 1964 Inhaber des Lehrstuhles für Eisenbahn- und Verkehrswesen an der TH/TU Dresden. Von 1949 bis 1953 bekleidete er zusätzlich das Amt des ersten Verkehrsministers der DDR.

Obgleich Reingruber die betrieblichen Nachteile von Kopfbahnhöfen stark hervorgehoben hatte, sprach er sich letztlich wegen der Lagegunst und der „Vorteile für die Reisenden" für die Anlage beziehungsweise Beibehaltung solcher Bahnhöfe in Großstädten aus. [28] Jahre später schreibt Hans Grassmann im gleichen Sinne: „Wenn es darum geht, einen alten Kopfbahnhof, der am Cityrand liegt, hinauszuverlegen, sind leider manche, im reinen Betriebsdenken befangene Eisenbahner mit von der Partie, wenn sie dadurch einen Durchgangsbahnhof erzielen können. Es stört sie nicht, dass sie in Verkehrsferne rücken, in ein vielleicht dünn besiedeltes, reines Wohngebiet. Sie vertrauen den Zusicherungen der Stadtverwaltungen, in naher Zeit für eine bahnhofsgerechte Bebauung zu sorgen. Diese Versprechungen sind unerfüllbar, weil es meist über die Kraft einer Stadt hinausgeht, eine neue Bahnhofs-Idealumgebung am neuen Platz zu schaffen. Schon die Geschäftswelt zieht nicht nach; wir haben genügend Beispiele dafür." [29]

Durchgangsbahnhöfe haben zumeist eine tangentiale Lage, wodurch die Stadtentwicklung in dieser Richtung beeinträchtigt wird. Ihr betrieblicher Vorteil geht zulasten einer günstigeren verkehrlichen und städtebaulichen Lage. In Leipzig hätte ein Durchgangsbahnhof mit den erforderlichen eisenbahnbetrieblichen Anlagen das Stadtgebiet von Paunsdorf bis Gohlis besonders durch die größere Breite gegenüber den bereits damals realisierten

Zeitleiste

1919	Vertragsabschluss zwischen sächsischer und preußischer Staatseisenbahn über den gemeinsamen Betrieb des Leipziger Hauptbahnhofes
1920	Bildung der Deutschen Reichseisenbahnen: Die ehemals preußisch und sächsisch verwalteten Teile des Hauptbahnhofes gehen an die Reichsbahndirektionen Halle und Dresden.
1925	Einstellung des Betriebes der Verbindungsbahn Connewitz–Plagwitz
1929	Der Hauptbahnhofsvorplatz wird umgebaut und erhält eine viergleisige Straßenbahnanlage.

Leipziger Hauptbahnhof 1912

Strecken erheblich stärker belastet. Dies geht aus den mit großem Eisenbahnverständnis und Akribie bearbeiteten Entwürfen von Bauingenieur Fest hervor. Dieser war damals im Leipziger Stadtplanungsamt der verantwortliche Bearbeiter für Verkehr. [30]

Trotz der an anderer Stelle genannten Nachteile wird die gewählte beziehungsweise beibehaltene Lage des Leipziger Hauptbahnhofes in Kopfform vom Verfasser als vorteilhaft eingeschätzt, zumal durch die langfristig gehegten Vorstellungen der Herausnahme und Verlagerung des Vorortverkehrs auf die Verbindungsbahn zum Bayerischen Bahnhof eine betriebliche Entlastung eintreten wird.

Der Hauptbahnhof mit seinem Standort unmittelbar am Stadtzentrum und zugleich zentral zum Stadtgebiet hat verkehrlich und städtebaulich eine optimale Lage. Das in Dimension und Gestaltung herausragende Empfangsgebäude – im Fußgängereinzugsbereich des Stadtzentrums gelegen und für ankommende Reisende erster erlebbarer Maßstab von Leipzig – ist zu einem international bekannten, unverwechselbaren Element der Messestadt geworden. Ein vor den Toren der Stadt gelegener Durchgangsbahnhof hätte diese verkehrliche und städtebauliche Wirkung nicht hervorbringen können. In Leipzig gehören Hauptbahnhof und City zusammen. Und wer mit der Eisenbahn nach Leipzig reist, kommt tatsächlich in Leipzig an.

Die Osthalle des Hauptbahnhofs um 1925

HOTEL AS
Vasen

Die 30er-Jahre und der Zweite Weltkrieg

Die Weltwirtschaftskrise und die anschließende Zeit des Nationalsozialismus brachten der Stadt und ihren Verkehrsanlagen lähmenden Stillstand. Seit Beginn der 30er-Jahre gab es quasi keine Neuerungen bei der Eisenbahn und der Straßenbahn, im Gegenteil: Unsinnige Maßnahmen zur Metallgewinnung bedingten betriebliche Rückschritte, akuten Wagenmangel, Verschleiß und marode Gleisanlagen. Die aufkommende Rüstungsindustrie band alle Kräfte und verschlang sämtliche Stahlreserven. Das Eisenbahnnetz im Personenverkehr blieb ohne Weiterentwicklung.

Der 1915 begonnene Tunnel zwischen Hauptbahnhof und Bayerischem Bahnhof kam zwar in verschiedenen Versionen der Trassenführung wieder zur Sprache, doch an eine Durchführung war schon zu Beginn der Naziherrschaft nicht mehr zu denken. Es gab einige theoretische Ansätze und Planungen (siehe Kapitel „Die Rolle der Eisenbahn im ersten Generalbebauungdplan"), die jedoch in den 30er- und 40er-Jahren aus den hier genannten Gründen keine Chance auf eine Umsetzung fanden.

Der 1915 begonnene Tunnel zwischen Hauptbahnhof und Bayerischem Bahnhof

Fortschritte gab es bei der Entwicklung der Schienenfahrzeuge, die jedoch direkt und

Zeitleiste	
1933	Machtergreifung Hitlers
1934	Verlagerung der Direktionsgrenzen der Reichsbahndirektion Halle und Dresden: Alle Leipziger Eisenbahnanlagen kommen zur Reichsbahndirektion Halle. Das bedeutet das Ende des geteilten Betriebes im Hauptbahnhof.
1937	Etwa 720 000 Einwohner zählt die Stadt Leipzig; damit ist sie die viertgrößte Deutschlands.
1938	Die Reichspogromnacht bedeutet für über 13 000 jüdische Bürger Leipzigs den Anfang vom Ende.
1939	Weitere Abbruchpläne des Bayerischen Bahnhofes: Planungen sahen zeittypische Monumentalanlagen an der Straße des 18. Oktober vor. Der Bahnhof sollte nach Süden verlegt werden. Die Pläne wurden vom Krieg gestoppt.
1943	Schwerster Luftangriff auf Leipzig am 4. Dezember; Zerstörung vieler Bahnanlagen
1944	Schwerer Luftangriff auf den Hauptbahnhof: Die Querbahnsteighalle stürzt ein.
1945	Schreckensbilanz des Krieges: Leipzig war von 13 Luftangriffen betroffen, bei denen 5 000 Menschen ihr Leben verloren. 40 % aller Wohnungen sind zerstört oder beschädigt. Die Messe ist nahezu völlig, die Industrie zur Hälfte zerstört. Einmarsch amerikanischer Truppen am 18. April; Ablösung der Amerikaner durch die sowjetischen Truppen am 2. Juli

Die durch Luftangriffe der Alliierten zerstörten Anlagen des Hauptbahnhofs

indirekt der Kriegsvorbereitung dienten: Neben den Neukonstruktionen von elektrischen Lokomotiven wurden die Dampfloks weiter vereinheitlicht und vor allem im Gütersektor leistungsfähiger, einfacher und robuster konstruiert. Zu den zahlreichen Rüstungsbetrieben in und um Leipzig wurden Gleisanschlüsse gelegt, die aber nur im Güterverkehr genutzt wurden und isoliert betrachtet keine weiteren Verkehrspotenziale bedienten.

Die Kriegszerstörungen der Stadt begannen 1943 und brachten im Verlaufe der Angriffe furchtbare Schäden. In der Nacht zum 4. Dezember 1943 wurde binnen einer halben Stunde eine Feuersbrunst entfacht, die auch den Hauptbahnhof nicht verschonte. Mit fast totalem Glasschaden und Treffern im Gleisbereich blieb der Betrieb jedoch nur wenige Tage unterbrochen. Alle Züge endeten in den Vorsortierbahnhöfen. Bis in das Jahr 1944 hinein war nur eingeschränkter Betrieb möglich. Mit dem 20. Februar 1944 intensivierten sich die Aktionen der Alliierten gegen Leipzig. Die Züge mussten schließlich von Norden kommend im Bahnhof Neuwiederitzsch enden; Ersatzbusse fuhren zum Hauptbahnhof.
Die Straßenbahnanlagen wurden empfindlich getroffen. Der Luftangriff am 7. Juli 1944 brachte die folgenschwere Zerstörung des Hauptbahnhofes mit sich. Der amerikanische Tagesangriff brachte mit zwei Volltreffern die westliche Empfangshalle und das gesamte Querbahnsteigdach zum Einsturz. Die Gleisanlagen wurden verwüstet. Auch der 200 Meter lange Tunnelstumpf an der Ostseite des Hauptbahnhofes wurde durch Bomben getroffen.

Das Eisenbahnnetz war 1945 an den Knotenpunkten weitgehend lahm gelegt und die Straßenbahn konnte nur abschnittsweise einen Notverkehr aufrechterhalten. Zahlreiche Schäden am Bayerischen Bahnhof erschwerten auch hier den Betrieb.

Die von der sowjetischen Besatzungsmacht in der Potsdamer Konferenz beschlossenen Reparationszahlungen Ostdeutschlands wirkten sich unmittelbar auf das Eisenbahnnetz in und um Leipzig aus. Vor dem Krieg waren die meisten Strecken zweigleisig ausgebaut. Nun wurden selbst auf Hauptstrecken die Anlagen auf ein Gleis reduziert. Auch die Oberleitungsanlagen verschwanden. Der gesamte Bestand an Elektrolokomotiven wurde abtransportiert und erst 1952 zurückgegeben.

Der zerstörte Querbahnsteig
im Leipziger Hauptbahnhof

WARTESAAL
ABORTE

Die Entwicklung der Verkehrsplanung in Leipzig nach dem Zweiten Weltkrieg

Erste Planungskonzeptionen

Bereits wenige Wochen nach Kriegsende begannen die Planungsarbeiten Leipzigs zum Wiederaufbau und zur Neugestaltung der sehr stark zerstörten Stadt, nachdem die Funktionsfähigkeit des städtischen Verkehrsnetzes wenigstens teilweise wiederhergestellt war.

Oberbürgermeister Erich Zeigner erklärte 1946: „Der Wiederaufbau einer schwer beschädigten Stadt ist die Aufgabe vieler, vieler Jahre; er setzt ein Programm auf lange Sicht voraus ... Der für Leipzig eigentümliche und so reizvolle Ring unserer Promenaden muss erhalten bleiben. Aber schon das Straßensystem unserer Innenstadt wird manche Korrektur erfahren müssen. Wir müssen prüfen, ob es möglich sein wird, vom Hauptbahnhof nach dem Bayerischen Bahnhof eine durchgehende Bahnverbindung zu schaffen, die uns die günstigsten Möglichkeiten des Durchgangsverkehrs eröffnet. Ähnlich liegt es mit dem Kanalproblem. Das Transportproblem ist heute von so entscheidender Bedeutung, dass wir unbedingt die Möglichkeiten der billigen Heranschaffung von Massengütern und Rohstoffen schaffen müssen." [31]

Dass der Oberbürgermeister trotz der Fülle von Tagesproblemen schwierigster Art die große Linie der künftigen Entwicklung der Stadt Leipzig wirkungsvoll unterstützt hat, soll besonders hervorgehoben werden. Seine Anregung löste 1946 auf der Grundlage des Projektes von 1911 (Siehe Kapitel „Die Planung einer Verbindungsbahn") eine erneute Untersuchung zur Verbindungsbahn zwischen Hauptbahnhof und Bayerischem Bahnhof durch die Reichsbahndirektion Halle aus.

Der Schnellbahnbetrieb sollte zwischen Borsdorf und Gaschwitz aufgenommen werden. Als Übergangslösung war ein gebrochener Betrieb vorgesehen: Nach Art der Berliner S-Bahn sollten zwischen Leipzig/Volkmarsdorf und Leipzig/Connewitz elektrische Züge verkehren. Von diesen Bahnhöfen aus war Dampftraktion zu den Endpunkten der Schnellbahnlinie geplant. Unter Einbeziehung des Tunnels an der Ostseite des Empfangsgebäudes am Hauptbahnhof wurde bis Oktober 1947 ein Vorentwurf mit Kostenschätzung vorgelegt. Die für die Realisierung ausgewiesenen Baukosten in Höhe von 93 Millionen RM waren in den Nachkriegsjahren für diese Aufgaben jedoch nicht verfügbar.

Untersuchung über ein Vorortbahnsystem mit unterirdischen Streckenabschnitten

In einer 1953 durchgeführten, sehr gründlichen Untersuchung [25] wird die Einbeziehung des gesamten verkehrsrelevanten weiteren Umlandes in das Vorortbahnsystem vorgeschlagen. Vorgesehene Endpunkte waren im Westen Halle, Merseburg und Weißenfels, im Norden Bitterfeld, im Osten Eilenburg, Wurzen und Großbothen, im Süden Bad Lausick, Espenhain, Meuselwitz und Neukieritzsch sowie im Südwesten Pegau beziehungsweise Zeitz.
Im Vergleich zu der bisher angestrebten Schnellbahnlinie Borsdorf-Gaschwitz und dem vorgesehenen Abzweig nach Plagwitz war damit eine Weiterentwicklung gegeben. Die Gradiente im unterirdischen Abschnitt des Stadtzentrums sollte oberflächennah etwa ein bis zwei Meter unter Straßenoberkante als Unterpflasterbahn verlaufen.

Hinsichtlich der Trassenführung der Verbindungsbahn gab es wesentliche Veränderungen gegenüber bisherigen Planungen: Einerseits bestand die Forderung der Stadt Leipzig, die S-Bahn durch den Stadtkern zu führen, um somit das gesamte Zentrum an den durchgehenden Nord-Süd-Vorortschnellverkehr anschließen zu können. Andererseits entsprach die lichte Höhe des Tunnels an der Ostseite nicht mehr den geforderten Ausbaubedingungen. Deshalb und wegen der günstigeren gleismäßigen Einbindung wurde an Stelle der sächsischen Linie Borsdorf-Gaschwitz [21] die neue Trasse an die Westseite des Hauptbahnhofes gelegt und über Hallisches Tor-Reichsstraße-Neumarkt-Roßplatz-Windmühlenstraße zum Bayrischen Platz geführt.

Im Hauptabschnitt des technisch-wirtschaftlichen Gutachtens werden einerseits die Gesamtanlage des unterirdischen S-Bahnhofes am Hauptbahnhof und die anschließenden

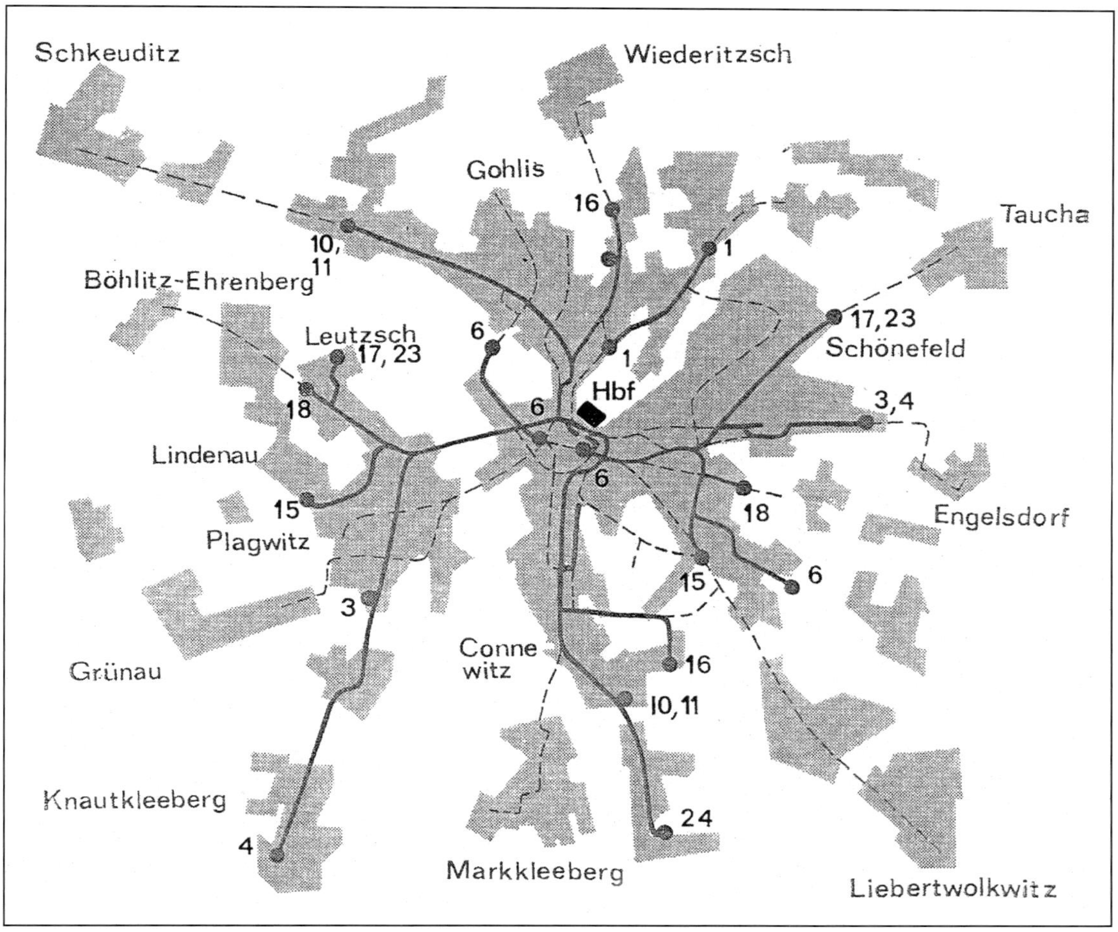

Straßenbahnliniennetz der Leipziger Verkehrsbetriebe 1945

Strecken des Vorortbahnsystems nach Norden, Osten und Westen sowie andererseits die Innenstadt mit anschließender Streckenführung nach Süden ausführlich untersucht. Dabei muss die Gründlichkeit der eisenbahntechnischen Ausführungen ebenso anerkannt werden wie verkehrliche Aspekte oder die behandelten Wechselbeziehungen von Trasse und Gradiente zum gesamten unterirdischen Raum. Allerdings hätten eine Variante zur Gradientenführung und ergänzende Untersuchungen des Baugrundes auf der neuen Trasse die Aussagen bereichern können.

Zusätzlich zur Verbindungsbahn im Rahmen des Vorortbahnsystems wurde die Möglichkeit der Führung des Fernverkehrs Berlin-Leipzig-München untersucht. Dazu sollte der unter den Bahnsteigen 22 und 23 bereits beim Neubau des Hauptbahnhofes angelegte Tunnel für die ehemals geplante Vorortbahn Borsdorf-Gaschwitz genutzt werden. Die Trasse sollte weiter über Goethestraße, Karl-Marx-Platz (heute: Augustusplatz) und geradlinig durch das zerstörte Wohngebiet zwischen Roßplatz und Bayrischem Platz geführt werden, wo sie nach Unterfahrung der Vorortbahnstrecke weiter im Gelände des Bayerischen Bahnhofes verläuft. Im Zusammenhang mit der Gradiente wird davon gesprochen, dass es „stellenweise zweckmäßig sein wird, den Tunnel im bergmännischen Vortrieb herzustellen“. [25] Über Anwendungsbedingungen dieser Bauweise und baugrundseitige Voraussetzungen fehlen jedoch Hinweise.

Aus heutiger Sicht wird eingeschätzt, dass mit dem technisch-wirtschaftlichen Gutachten eine neue Qualität erreicht worden ist. Erstmals konnte das gesamte Einflussgebiet der Stadt Leipzig berücksichtigt werden. Gleichzeitig ist die koordinierte Zusammenarbeit der Stadt- und der Eisenbahnverwaltung hervorzuheben. Die Partner haben berechtigte Forderungen gegenseitig anerkannt und konnten damit zukunftsweisende Ergebnisse erzielen.

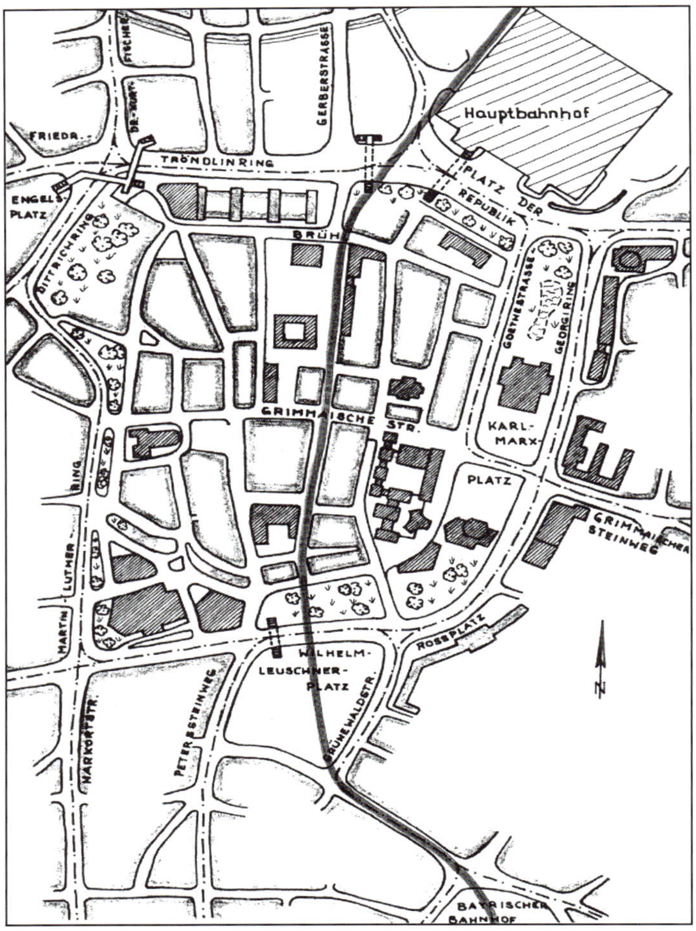

Trasse der Verbindungsbahn Hauptbahnhof-Bayerischer Bahnhof

Der „komplexe Verkehrsplan“

Gemäß des Beschlusses über die städtebauliche Planung 1952 wurde in den 50er-Jahren der Verkehrsplan Leipzigs unter Leitung von Bauingenieur Rudolf Jacob – Leiter der Abteilung Verkehrs- und Standortplanung im 1949 gebildeten Stadtplanungsamt von Leipzig – zu einem „komplexen Verkehrsplan“ weiterentwickelt. [32] Dieser Plan enthielt die Hauptnetze und Anlagen aller Verkehrsarten.

Dabei wurden auch Überlegungen zur Verbesserung des Vorortverkehrs durch die Verbindungsbahn zwischen Hauptbahnhof und Bayerischem Bahnhof einbezogen. Der Verkehrsplan hob jedoch hervor, dass die Straßenbahn auch in Zukunft den Hauptanteil bei der Bewältigung des innerstädtischen Massenverkehrs zu tragen habe, da die Schnellbahn vornehmlich dem Vorortverkehr dient. [33]

Eine U-Bahn wurde wegen der Leipziger Stadtgröße ausgeschlossen, im Bereich des Stadtzentrums jedoch eine unterirdische Führung von Straßenbahnstrecken angestrebt. Aufgrund besonderer Initiativen von Dr. oec. Walter Krogull – zu dieser Zeit Direktor der Leipziger Verkehrsbetriebe (LVB) – nahmen die Vorstellungen über die U-Straßenbahntrassen im Stadtzentrum mit einer Nord-Süd-Verbindung und zwei Ost-West-Verbindungen konkrete Gestalt an.

Diese Grundkonzeption („Krogull-Kreuz“) wurde in den 60er-Jahren einschließlich der verbesserten Radiallinien und ihrer Anbindungen an die unterirdischen Abschnitte durch Gerd Johne, Rudolf Riedel (beide Mitarbeiter des Büros für Verkehrsplanung, siehe S. 51) und Joachim Ränger – Leiter der bei den Leipziger Verkehrsbetrieben gebildeten Arbeitsgruppe „U-Straßenbahn“ – planerisch bearbeitet. Mit circa sechs bis sieben Kilometer Tunnelstrecke wurde diese Konzeption als „die für Leipzig optimale Endlösung des Grundnetzes des öffentlichen Nahverkehrs“ angesehen. [19]

Damit sollte neben der niveaufreien Trennung der Verkehrsarten auch die Erschließung des Stadtzentrums verbessert werden, deren Notwendigkeit nach der Herausnahme der das Zentrum querenden und danach in tangentiale Lage auf den Promenadenring gebrachten Strecken damals betont wurde. Mit der Vorlage dieses Planwerkes 1962 war eine wichtige Etappe in der Verkehrsplanung erreicht. In weiterführenden Untersuchungen wurde bis 1965 der komplexe Verkehrsplan präzisiert.

Der erste Entwurf des Generalverkehrsplanes

Der wachsenden Bedeutung des Verkehrs in Wirtschaft und Kommunalpolitik wurde mit der Einrichtung entsprechender Ratsbereiche Rechnung getragen. Die lang- und mittelfristige Verkehrsplanung übernahm das Büro für Verkehrsplanung (BfV). Es baute auf bisherigen Vorstellungen, die in der Regel in bauliche Leitdokumente integriert waren, auf und entwickelte sie weiter.

Kurt Ackermann erhielt im Dezember 1966 den Auftrag, den ersten Entwurf eines Generalverkehrsplanes (GVP) bis März 1967 vorzulegen. Diese Aufgabe konnte in der vorgegebenen Zeit von drei Monaten nur in einer zusammenfassenden Bearbeitung und Koordinierung bisheriger, mitunter noch nicht abgestimmter Planungsvorstellungen und weiterer strategischer Überlegungen durch eine Arbeitsgruppe gelöst werden.

BfV: Das Büro für Verkehrsplanung der Stadt Leipzig wurde 1967 gegründet und geleitet von Dr.-Ing. Kurt Ackermann. Es war fachlich in vier Abteilungen gegliedert: Analyse und Prognose (später Generalverkehrsplanung) unter Leitung von Dipl.-Ing. Gerd Johne, Öffentlicher Personenverkehr unter Leitung von Dipl.-Ing. Walter Stein, Straßenwesen unter Leitung von Dipl.-Ing. Rudolf Riedel und Güterverkehr unter Leitung von Dipl.-Ing. Werner Dietrich.

Arbeitsgruppe Generalverkehrsplan: Die unter Leitung von Kurt Ackermann stehende Arbeitsgruppe wurde aus Vertretern der Büros für Städtebau, Territorialplanung und des Stadtarchitekten, der Reichsbahndirektion Halle, der Leipziger Verkehrsbetriebe, der Stadtplankommission sowie des Referates Straßen und Brücken des Rates der Stadt gebildet.

Im ersten Entwurf des GVP [34] wurden – auf der Grundlage der Entwicklung der Stadt Leipzig und der Beziehungen zwischen Stadt und Umland – das komplexe Verkehrssystem unter Einbeziehung aller Verkehrsarten einschließlich der zugehörigen Anlagen und erforderlichen Ausbaustufen untersucht.

Die hier entwickelten Grundnetze des Öffentlichen Personennahverkehrs sind in drei Varianten untersucht worden:

- Variante 1: Grundnetz Eisenbahn (Stadt- und Vorortbahn) mit Ergänzungsnetz Straßenbahn und Bus
- Variante 2: Grundnetz Straßenbahn mit Ergänzungsnetz Bus und Eisenbahn
- Variante 3: Grundnetz Straßenbahn mit Ergänzungsnetz Bus und Einschienenbahn.

Variante 1 ging in Anlehnung an das technisch-wirtschaftliche Gutachten von 1953 davon aus, dass die bestehenden Eisenbahnstrecken für den innerstädtischen Verkehr bisher nur geringe Bedeutung haben und deshalb Durchmesserlinien in Nord-Süd- und Ost-West-Richtung mit unterirdischer Führung im Stadtzentrum erforderlich seien.

Durchmesserlinie: Begriff aus der Verkehrsplanung. Die Durchmesserlinie führt durch das Stadtzentrum, verbindet zwei Radialen etwa gleich starker Verkehrsbelastung und ermöglicht dadurch eine gleichmäßige Fahrzeugauslastung.

Mit diesem Eisenbahngrundnetz sollte das Territorium großflächig erschlossen werden. Die weitere Erschließung erfolgt durch die Straßenbahn mit einem Hauptergänzungsnetz, während schwächere Verkehrsströme vor allem in tangentialer Richtung mit Kraftomnibussen bewältigt werden. Das Kernstück dieses Systems bildete die Verbindungsbahn vom Hauptbahnhof zum Bayerischen Bahnhof, die außer der Anbindung der Region und den Vorteilen im innerstädtischen Verkehr besonders zu Messezeiten eine Entlastung des städtischen Verkehrs bewirken sollte.

U-Straßenbahntrassen im Stadtzentrum

Variante 2 basierte – analog der Aussagen des komplexen Verkehrsplanes – auf der Überlegung, dass für Städte der Größenordnung von Leipzig die Straßenbahn auch in Zukunft Hauptträger des öffentlichen Personenverkehrs bleibt. Dabei wurde eine leistungsfähigere Straßenbahn durch horizontale und im Stadtzentrum vertikale Trennung der Verkehrsarten gefordert. Das Straßenbahnnetz sollte durch Busverbindungen und durch ein verbessertes Eisenbahnnetz (mit Verbindungsbahn) ergänzt werden.

Auch nach Variante 3 sollte die Straßenbahn Hauptträger des Personenverkehrs bleiben. Lediglich zwischen der Innenstadt und den Ausstellungsflächen am Messegelände und in Markkleeberg war zur Bewältigung der starken Verkehrsströme während der Veranstaltungen eine Einschienenbahn als ergänzendes Verkehrsmittel vorgesehen, die auch im Berufsverkehr auf dieser Verbindung eine Verbesserung bringen sollte. [35]

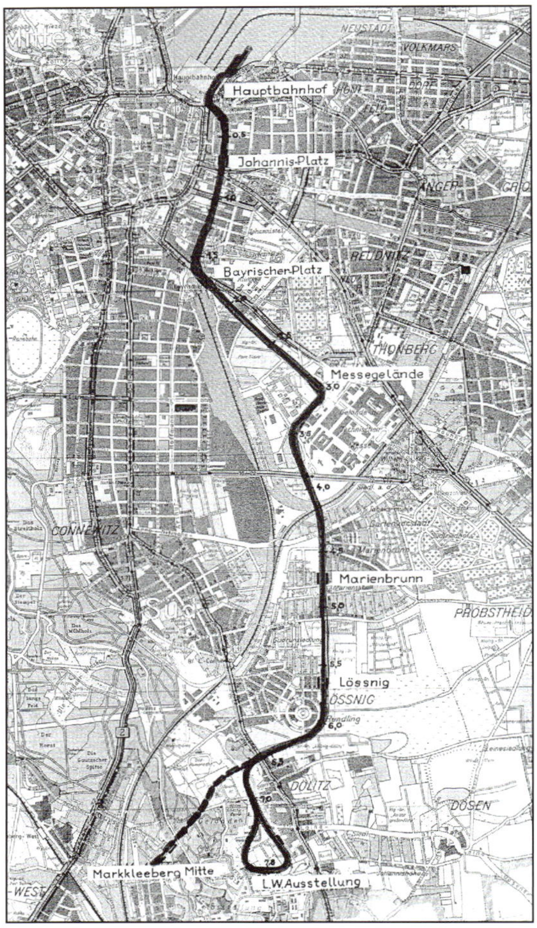

Trasse der geplanten Einschienenbahn

Die Bearbeitung des Generalverkehrsplanes offenbarte einige Lücken in den verkehrsplanerischen Grundlagen. Folgende Probleme erhielten daher einen hohen Stellenwert:

1. Das vorhandene Analysematerial war unvollständig und zum Teil auch veraltet. Der Verfasser setzte daher 1968 eine umfassende Erhebung aller Verkehrsarten durch. In die Befragung wurden 108 000 Haushalte, Dienst- und Betriebsfahrzeughalter, 30 000 Fahrgäste und 8 900 Fahrzeugführer des einströmenden Verkehrs einbezogen. Diese Analyse war insofern von herausragender Bedeutung, da sie die bisher umfangreichste ihrer Art im deutschsprachigen Raum war. [36] In dieser Untersuchung sind Probleme der Vorbereitung, Durchführung und Auswertung der Leipziger Verkehrserhebung dargelegt.

2. Die bisherigen Planungen für das System des öffentlichen Personenverkehrs waren vorwiegend langfristig orientiert. Es fehlten aber Untersuchungen über realisierbare Etappen. Dabei spielte auch die Einbeziehung der Eisenbahn in Nahverkehrsaufgaben eine wichtige Rolle.

3. In den weiteren Überlegungen wurde der Verbindungsbahn zwischen Hauptbahnhof und Bayerischem Bahnhof eine große Bedeutung eingeräumt. Seit Jahrzehnten wurde die Notwendigkeit dieser Verbindungsbahn langfristig dokumentiert. Zur Trassierung gab es seit der Untersuchung von 1953 genauere Vorstellungen. Die Wechselwirkung von Baugrund, Bauweise, Gradiente und Bautechnologie einer Verbindungsbahn war bisher jedoch nicht ausreichend untersucht worden. Durch Initiativen des Verfassers wurden auf diesem Gebiet wichtige Grundlagen erarbeitet.

Die Weiterarbeit an der Planung des Personennahverkehrssystems

Politische Vorgaben der 60er-Jahre legten fest, dass in Leipzig, Dresden, Magdeburg und Rostock „attraktive Personennahverkehrssysteme" unter Einbeziehung bestehender Strecken der Deutschen Reichsbahn zu entwickeln sind. Damit erhielt die Eisenbahn Priorität gegenüber der Straßenbahn.

Zu derartigen Aufgaben hatte Hans Reingruber hervorgehoben: „Die Eisenbahn spielt auch im städtischen Nah- und Bezirksverkehr eine beachtliche, zum Teil führende Rolle nicht nur als Träger eines großen Teils des Berufs- und Ausflugsverkehrs, sondern auch als Schrittmacher der städtischen Auflockerung. (Nach heutigen Erkenntnissen sollte unter der hier angeführten „städtischen Auflockerung" die Wohnungsbaustandorte in Randlage der Städte verstanden werden. Anm. d. A.) Eine gemeinsame Untersuchung der Stadt- und Eisenbahnverwaltung, ob und inwieweit etwa gewisse Eisenbahnhaltepunkte unter dem Gesichtspunkt des Berufsverkehrs (möglichst kurze An- und Abmarschwege für die Berufstätigen) verlegt oder neu angelegt werden sollten, gehört mit zu den vorausschauenden Aufgaben der Generalverkehrsplanung." [28]

Alle mit dieser Zielstellung zusammenhängenden Aufgaben wurden in Leipzig durch die Arbeitsgemeinschaft „Personennahverkehrssystem" [37] bearbeitet und realisiert:

1. Wendezugbetrieb zur Frühjahrsmesse 1968 – Während der Messen sollte künftig zur Entlastung des Stadtverkehrs ein Wendezugbetrieb zwischen Hauptbahnhof und Messegelände eingeführt werden. Dazu waren am Haltepunkt „Messegelände" neue Verkehrsanlagen erforderlich.
2. Betriebsaufnahme der Stadt- und Vorortbahn auf dem „Eisenbahnring" zum V. Deutschen Turn- und Sportfest 1969 – Aus die-

Zeitleiste	
1946	Wiedereröffnung der Universität; erste Nachkriegsmesse; Einstellung des elektrischen Zugbetriebes – die Lokomotiven gehen als Reparationsleistungen in die Sowjetunion
1947	Beginn des Wiederaufbaus des Hauptbahnhofs (Abschluss der Arbeiten 1965).
1968	Die Messeschnellverbindung Hauptbahnhof-Messegelände nimmt den Betrieb auf. Zudem wird beschlossen, eine Stadtschnellbahn in Leipzig einzurichten.
1969	Aufnahme des S-Bahn-Betriebes auf der Ringlinie A
1971	Teile des Bayerischen Bahnhofes fallen einem Brand zum Opfer.
1973	Aufnahme des Bayerischen Bahnhofes in die Liste technischer Denkmäler
1976	Die S-Bahn erreicht Grünau (Linie C: Plagwitz–Grünauer Allee).
1982	Beginn von Rekonstruktionsarbeiten am Portikus des Bayerischen Bahnhofes
1983	Die S-Bahn in Grünau reicht bis Wilhelm-Pieck-Allee (heute: Stuttgarter Allee).
1989	Die Friedensgebete in der Nikolaikirche und die sich anschließenden Montagsdemonstrationen werden Ausgangspunkt der Wiedervereinigung Deutschlands.

sem Anlass sollte der Verkehr auf den bestehenden Strecken des Leipziger „Eisenbahnringes“ aufgenommen werden mit folgender Führung: Gaschwitz-Connewitz-Stötteritz-Hauptbahnhof-Leutzsch-Plagwitz-Gaschwitz. 19 Bahnhöfe und Haltepunkte (davon acht neu errichtete) vorwiegend in Wohn- und Industriegebieten mit zeitgünstigen und bequemen Zugängen zu den Bahnsteigen sollten den Berufsverkehr verbessern.

Der erste Entwurf des Generalverkehrsplanes bestimmte die Richtung für die weitere Verkehrsplanung Leipzigs: Das Stadt- und Vorortbahnsystem sollte weiterentwickelt werden, ohne dass auf Straßenbahn und Bus als zusätzliche Verkehrsmittel verzichtet worden wäre. [38] Wesentliches Kernstück dieses Systems sollte die Verbindungsbahn zwischen Hauptbahnhof und Bayerischem Bahnhof werden.

Davon unabhängig wurden durch das Ministerium für Verkehrswesen Untersuchungen durchgeführt. Ziel war es, ein einheitliches Personennahverkehrssystem zu konzipieren, das auf Straßenbahnen verzichtet und lediglich über ein Busergänzungsnetz verfügt. Damit wäre das bestehende Straßenbahnnetz im Ganzen vernachlässigt worden. Dies widersprach jedoch den territorialen Auffassungen und Interessen und führte zu divergierenden Standpunkten zwischen der Stadt und dem Ministerium. In der Debatte um die Vorzugslösung – Grundnetz Straßenbahn oder Grundnetz Eisenbahn – spielten diese Aspekte eine maßgebliche Rolle.

Wegen der Ausdehnung der unterirdisch geführten Strecken und den damit verbundenen finanziellen Aufwendungen waren beide Varianten aus damaliger Sicht unrealistisch. Jedoch war nur durch derartige Untersuchungen das Verhältnis von Aufwand und Nutzen zu quantifizieren. Dabei zeigte sich, dass – aufgrund der geringen durchschnittlichen Reiseweiten von drei bis vier Kilometer – trotz hoher Bauaufwendungen für unterirdische Strecken Reisezeitvorteile von nur wenigen Minuten zu erzielen sind – ein Ergebnis, das zur Frage der Zweckmäßigkeit solcher Investitionen veranlasste. [39] Die Lösung der Stadt konnte sich aber als Grundlage für weitere Planungen behaupten.

Vertiefende Untersuchungen zur Verbindungsbahn Hauptbahnhof-Bayerischer Bahnhof

Die Trasse der Verbindungsbahn war mit dem Verlauf von der Westseite des Hauptbahnhofes über Platz der Republik (heute: Willy-Brandt-Platz)-Reichsstraße-Neumarkt-Windmühlenstraße-Bayerischer Bahnhof verkehrlich vorteilhaft festgelegt worden. [25] (Die Lage der Verbindungsbahn sowie das Stadt- und Vorortbahnnetz Leipzig zeigen die nachfolgenden Abbildungen.) Die geologische Situation im Bereich der Trasse war jedoch nicht hinreichend geklärt. Eine Ende der 60er-Jahre erwogene Trassenvariante über den Markt wurde aus den weiteren Überlegungen ausgeschlossen, weil sie die Länge des Tunnels und damit die Aufwendungen erhöht hätte.

Als Grundlage bautechnischer Studien und für die Wahl der Bauweise wurden deshalb vom Verfasser – in Zusammenarbeit mit Walter Stein und in Abstimmung mit der Bezirksstelle für Geologie – Untersuchungsbohrungen an der Trasse veranlasst.

Manfred Siegmundt von der Bergakademie Freiberg führte 1968 im Auftrag des Büros für

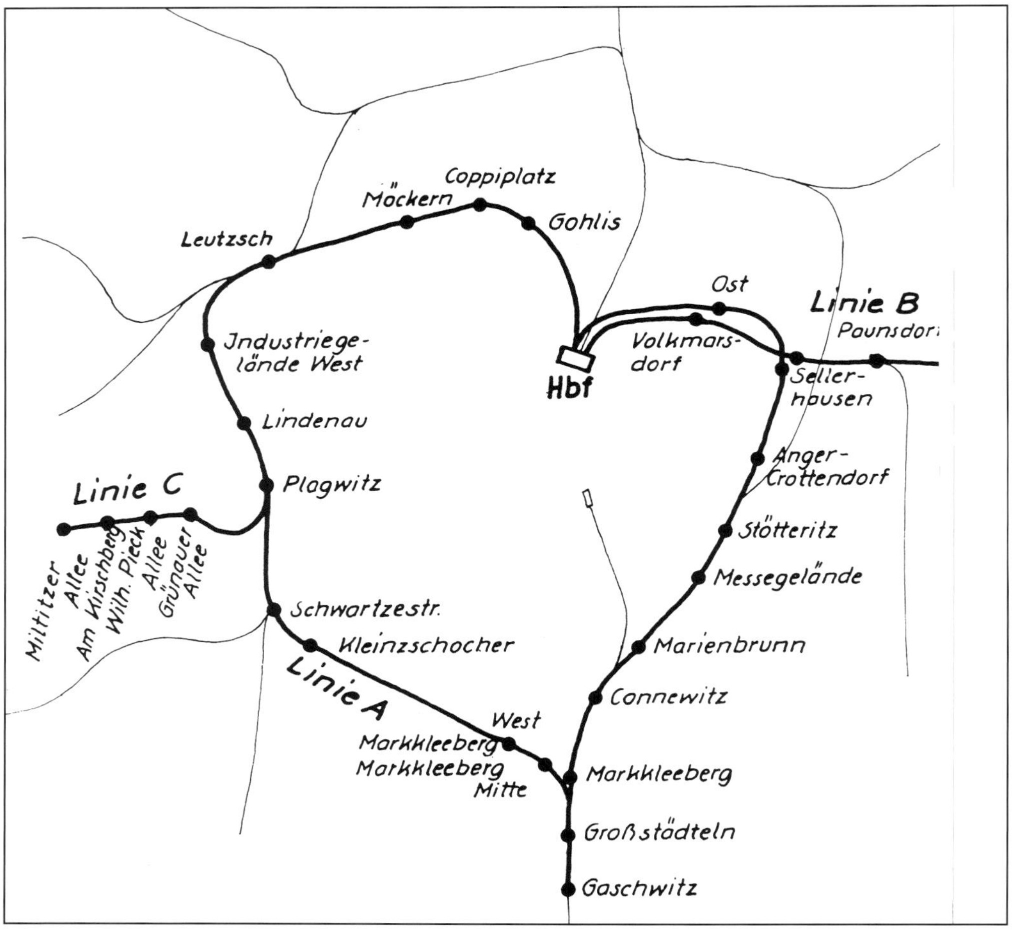

Stadt- und Vorortbahn Leipzig

Verkehrsplanung Leipzig Untersuchungen zum Verlauf der Gradiente bei Anwendung der geschlossenen beziehungsweise der offenen Bauweise durch, die zu aussagekräftigen und die Vorbereitung der Verbindungsbahn unterstützenden Ergebnissen geführt haben. [Vgl. 40-44]

Obgleich bei der offenen Bauweise die Tunnelstrecke kürzer ist und die Baukosten niedriger ausfallen, sollte im Stadtzentrum der geschlossenen Bauweise der Vorzug gegeben werden. Dadurch kann die baubedingte Unterbrechung des verkehrlich bedeutenden Straßenabschnittes Roßplatz-Leuschnerplatz sowie des Hauptbahnhofsvorplatzes ebenso vermieden werden wie die Beeinträchtigung des städtischen Lebens innerhalb des Zentrums. Außerdem würden sich die Auswirkungen auf die stadttechnischen Anlagen und die anstehende Bebauung stark vermindern. Im Bereich des Neumarktes beträgt der oberirdische lichte Abstand zwischen den Gebäuden nur 14 bis 16 Meter.

Für die Realisierung des Verbindungsbahntunnels waren folgende Entscheidungen zu treffen:

1. Unter dem Stadtzentrum und im Bereich des Hauptbahnhofes ist die geschlossene Bauweise anzuwenden, während sich vom Roßplatz bis zum Bayerischen Bahnhof die offene Bauweise anbietet.
2. Bei Anwendung der geschlossenen Bauweise wird die Variante „zwei eingleisige Streckentunnel gegenüber dem „zweigleisigen Streckentunnel" bevorzugt.
3. Unter den geologischen Bedingungen und der durch die großstädtische Bebauung gegebenen Oberflächensituation wird für den Bau der Verbindungsbahn das Schildvortriebsverfahren als zweckmäßigste geschlossene Bauweise angesehen.

Diese Entscheidungen gestatten die Konstruktion der dargestellten Tunnelgradiente (siehe Abbildung Seite 57). Dabei kann der Vorteil der geschlossenen Bauweise, in der Trassenführung von der Oberflächensituation unabhängig zu sein, genutzt werden. Unter der Voraussetzung, dass der Abstand zwischen den vorerst mit sechs Metern unter Gelände angenommenen Fundamentunterkanten der Innenstadtbebauung und den Tunnelröhren nicht geringer als der zweifache Tunnelaußendurchmesser

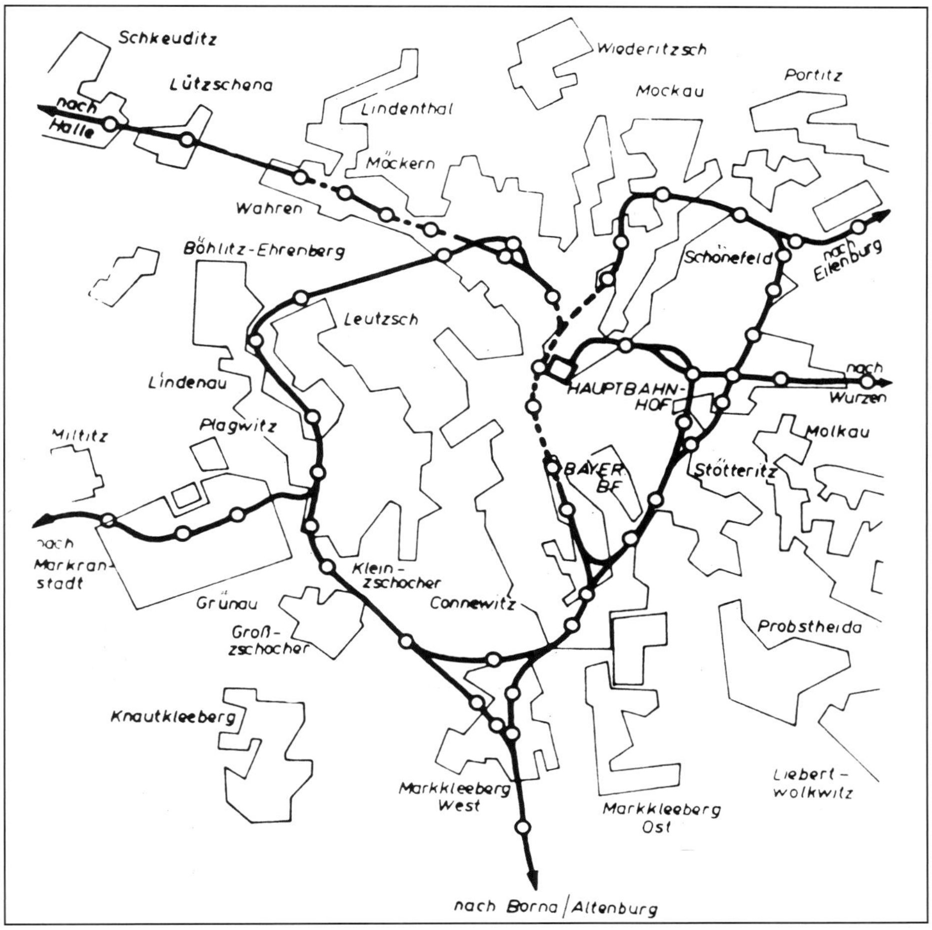

Die Verbindungsbahn im Stadt- und Vorortbahnnetz

sein soll, werden maximale Sohltiefen zwischen 28 und 29 Metern erreicht. Eine Reduzierung der Überdeckungshöhe auf 1 bis 1,5 Meter Tunnelaußendurchmesser, ohne dass nennenswerte Setzungserscheinungen auftreten, würde bauliche und ökonomische Aufwendungen vermindern.

Sohltiefe: Die untere Begrenzungsfläche einer Baugrube, eines Tunnels oder eines Einschnittes ist die Sohle. Die Sohltiefe wird als absolute Höhenangabe mit Höhe über Normal Null oder als relative Höhenangabe in Bezug auf die Baugrubensohle angegeben.
Überdeckungshöhe: Eine Konstruktion wird durch ein Material überdeckt. Der Begriff „Überdeckungshöhe" kennzeichnet die Höhe dieser Überdeckung.

Nach den 1968 bestehenden Planungsvorstellungen war die Realisierung der Verbindungsbahn ab Mitte der 70er-Jahre eingeordnet. Neue verkehrspolitische Prioritäten aus zentraler wie auch aus territorialer Sicht – zum Beispiel Ausbau und Stabilisierung des Streckennetzes der Deutschen Reichsbahn, Absicherung der verkehrlichen Folgemaßnahmen des Kohle-Energie-Programms, Verkehrsanbindung extensiver Wohnungsbaustandorte – führten jedoch zu einer nicht terminierten Verschiebung.

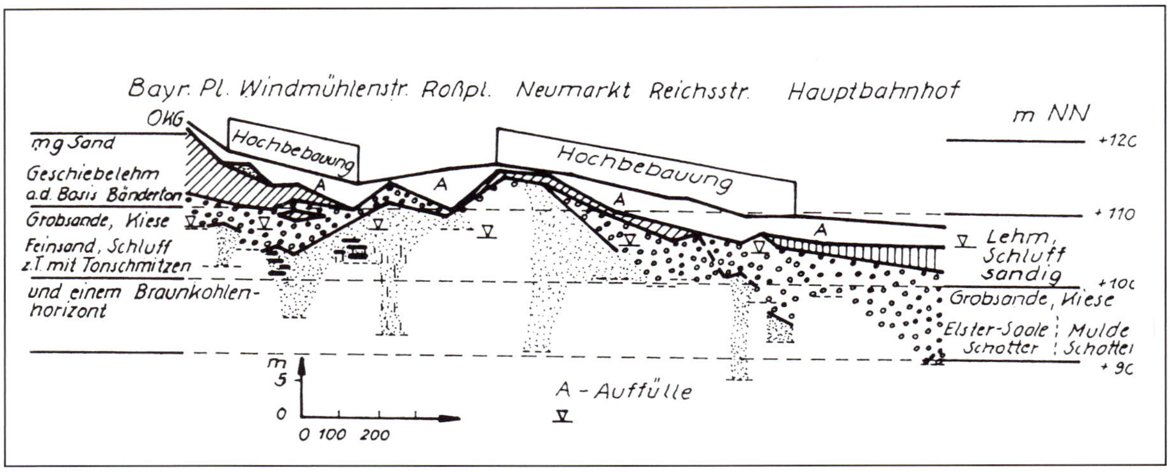

Geologische Situation im Bereich der Trasse der Verbindungsbahn

Der Generalverkehrsplan für den Stadt- und Landkreis Leipzig 1975/76

Der von der Stadtverordnetenversammlung 1970 bestätigte Generalverkehrsplan erwies sich für die Zeit Anfang der 70er-Jahre als gute Planungsgrundlage. In diese Zeit fielen mit den Entscheidungen für den Wohnungsbau an extensiven Standorten und der beginnenden Bebauung von Leipzig-Grünau wichtige Strukturentscheidungen, die mit der – wegen des Braunkohleabbaus – stärker betonten Ost-West-Achse der Stadtentwicklung die administrativen Grenzen Leipzigs sprengten. Dadurch wurde die Notwendigkeit, Stadt und Umland einheitlich planerisch zu bearbeiten, unterstrichen. [45] Für den Generalverkehrsplan wurde deshalb das Territorium von Stadt- und Landkreis Leipzig als Planungsgebiet zu Grunde gelegt.

In Vorbereitung des Generalverkehrsplanes – aber auch darüber hinaus – wurden umfangreiche Untersuchungen durchgeführt, um den Öffentlichen Personennahverkehr zu verbessern: Wegen der hohen finanziellen und technischen Aufwendungen für die Realisierung der Verbindungsbahn Hauptbahnhof-Bayerischer Bahnhof in unterirdischer Führung suchte man nach Alternativen. Die Bemühungen, diesen wichtigsten Streckenteil des künftigen Stadt- und Vorortbahnnetzes zu ermöglichen, führten auch zu Varianten, bei denen ökonomische Vorteile mit beträchtlichen städtebaulichen oder verkehrlichen Nachteilen erkauft werden sollten.

So wurde von der Reichsbahndirektion Halle eine Untersuchung der Verbindungsbahn auf der bisherigen unterirdischen Trasse durch das Stadtzentrum in Hochlage vorgelegt. Städtebaulich-gestalterische Aspekte sprachen gegen diese Trassen- und Gradientenführung. Zwischen Städtebauplanung und Verkehrsplanung wurde in diesem Zusammenhang übereinstimmend herausgearbeitet, dass eine Streckenführung in Hochlage das städtebaulich hochwertige, dicht bebaute Zentrum nicht durchqueren, sondern lediglich tangieren dürfe.

Eine alternative Führung der Trasse mit westlicher Umgehung des Stadtzentrums – hierbei handelt es sich um eine Untersuchung der Hochschule für Architektur und Bauwesen Weimar (heute: Bauhaus-Universität) unter Leitung von Glißmeyer – wäre zwar aus städtebaulicher Sicht vertretbar gewesen, die verkehrliche Wirksamkeit der Trasse für das Stadtzentrum als Schwerpunkt von Verkehrsquellen und -zielen wäre dadurch jedoch gemindert worden.

Ein anderer Vorschlag der Reichsbahndirektion Halle, die Trasse vom Bayerischen Bahnhof nur bis zum Roßplatz in Hochlage zu führen und dort definitiv enden zu lassen, konnte aus Sicht der Generalverkehrsplanung nicht unterstützt werden.

Eine weitere Überlegung, die Verbindungsbahn in Hochlage mit einer Trasse Bayerischer Bahnhof-Roßplatz-Universitätsstraße-Nikolaistraße-Platz der Republik (heute: Willy-Brandt-Platz bzw. Bahnhofsvorplatz)-Empfangsgebäude des Hauptbahnhofes etwa in Höhe der vorhandenen Gleisanlagen zu führen [46], traf auf städtebauliche Bedenken: Dadurch wären eine Zerstörung der Ensemblewirkung, eine Beeinträchtigung des Wertes anliegender Gebäude und unvertretbare Eingriffe in die denkmalgeschützte Bausubstanz des Empfangsgebäudes hervorgerufen worden.

Im Zuge der weiteren Präzisierung des Generalverkehrsplanes führte das Büro für

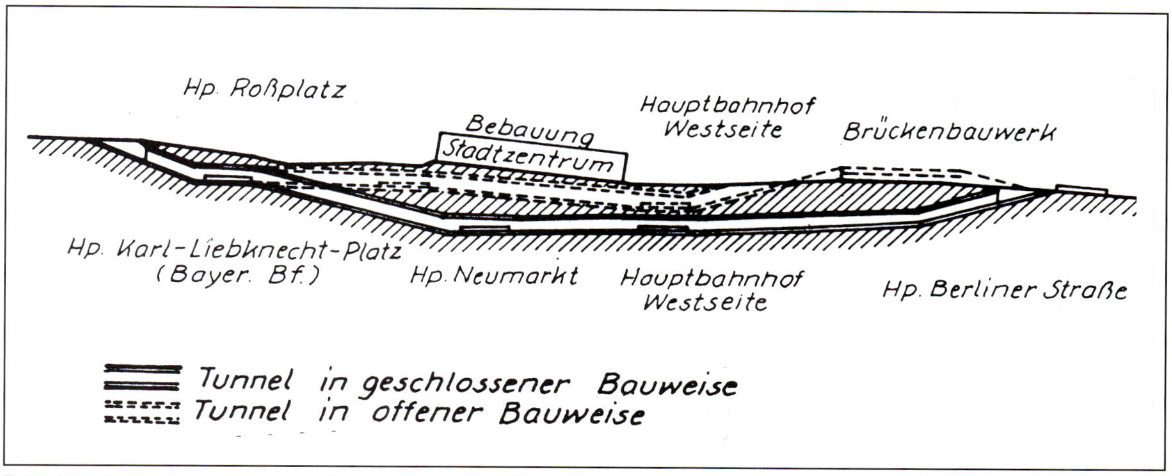

Tunnelgradienten in geschlossener beziehungsweise offener Bauweise

Verkehrsplanung Leipzig unter Einbeziehung des Zentralen Forschungsinstitutes des Verkehrswesens (ZFIV) Untersuchungen zur Ost-West-Trasse des Stadt- und Vorortbahnsystems durch. [47] Die dabei entwickelten Varianten wurden durch Prof. Dr.-Ing. Siegfried Rüger – Inhaber des Lehrstuhles für öffentliche Personennahverkehrssysteme an der TU Dresden – insbesondere nach verkehrlichen und betrieblichen Kriterien unter Beachtung von bautechnischen, stadttechnischen und ökonomischen Gesichtspunkten beurteilt. [48]

Danach ist die Trasse vom Hauptbahnhof zum Bayerischen Bahnhof eindeutig die Vorzugsvariante im Vergleich mit Ost-West-Trassen, für die jedoch zusätzliche Freihaltungen vorgeschlagen wurden. Damit verknüpfte man Untersuchungen zur qualitativen Verbesserung des Straßenbahnnetzes. [49]

Wesentlicher Bestandteil des Generalverkehrsplanes war die verkehrliche Anbindung des Wohngebietes Grünau, das Mitte der 70er-Jahre an der südwestlichen Peripherie der Stadt Leipzig entstand. Mit 38 000 Wohnungen beeinflusste dieser Standort die Stadt- und Verkehrsstruktur erheblich. Lage und Größe des Wohngebietes erforderten beträchtliche Erweiterungen der Verkehrsnetze und hatten zugleich Auswirkungen auf die bestehenden Netze. [50]

Im Hinblick auf die verkehrliche Anbindung wurde für den öffentlichen Personenverkehr festgelegt:

- Der schienengebundene öffentliche Personenverkehr erhält Vorrang.
- Die Ausdehnung des Wohngebietes erfordert sowohl im öffentlichen Personenverkehr als auch straßenseitig eine mehrfache Anbindung an das bestehende Verkehrsnetz.
- Das Angebot an leistungsfähigen öffentlichen Verkehrsmitteln ist in Übereinstimmung mit dem Baufortschritt zu garantieren.

Trotz dieser verkehrspolitischen und verkehrsplanerischen Vorgaben gestaltete sich die verkehrliche Anbindung des Wohngebietes schwierig. Variantenuntersuchungen zur Hauptanbindung mit einer Stadtschnellbahn oder einer Straßenbahn führten schließlich dazu, die S-Bahn in der Schwereachse der Bebauung und die Straßenbahnen in nördlicher und südlicher Randlage anzuordnen. Die im Einschnitt geführte S-Bahn (Linie C) schloss im Bahnhof Plagwitz an die Ringlinie (Linie A) an, nachdem bereits 1974 die Vorort-Relation nach Wurzen in Betrieb genommen werden konnte. Damit wurde eine weitere Etappe des Stadtschnellbahnsystems realisiert.

Im Einschnitt, das heißt unterhalb der Geländehöhe, geführte Bahnen haben den Vorteil, dass für anliegende Bebauungen die Lärmbelastung geringer ist. Des Weiteren können Querungen der Strecke (Brücken, Straßen) mit weniger Aufwand errichtet werden.

Die S-Bahn in Grünau ist zu einer städtebaulichen Kompositionsachse geworden, an deren Haltepunkten die Zentren für Kultur, Bildung und Versorgung mit verdichteter Bebauung entstanden – ein Beispiel für die bewusst gesteuerte Wechselwirkung von Stadt- und Verkehrsstruktur. Für das Wohngebiet Grünau wurde durch engste Zusammenarbeit ein hohes Maß an Kompromissbereitschaft zwischen den Vertretern von Verkehr und Städtebau erzielt, die unter ostdeutschen Bedingungen eine ausgewogene Einheit von Städtebau, Verkehr und Ökonomie darstellte.

Generalverkehrsplan der Stadt Leipzig von 1975 – Streckenführung im Öffentlichen Personennahverkehr

Zusammenfassung und Einschätzung der bisherigen Entwicklung

Die Entstehung und Entwicklung der Stadt Leipzig wurde wesentlich durch die vorteilhafte Lage im überregionalen Verkehrsnetz begünstigt.

Bereits die mittelalterliche Stadt war wegen ihrer relativ engen Grenzen planmäßig angelegt. Das führte in der Flächennutzung zu einer hohen Bebauungs- und Bevölkerungsdichte, zumal für Handels- und Lagerzwecke Flächen auch innerhalb der Stadtanlage vorgehalten werden mussten. Seit dem 16. Jahrhundert bildeten sich daher an den zur Stadt führenden Straßen kleinere Vorstädte.

Mit der Entwicklung der Eisenbahnen im 19. Jahrhundert wurde die Stadtentwicklung gefördert. Innerhalb von wenigen Jahrzehnten vergrößerte sich die Einwohnerzahl Leipzigs um ein Vielfaches. Dadurch und durch weitere Auswirkungen der industriellen Revolution entstanden neue Aufgaben für die Eisenbahn, die die Erweiterung bisheriger und den Bau neuer Anlagen erforderte.

Die größtenteils ungesteuerte Annäherung von Eisenbahnanlagen und Stadtstruktur führte zwangsläufig zu Korrekturen. Derartige Korrekturen gab es im Laufe der Jahrzehnte mehrfach (zum Beispiel Leipzig-Hofer Verbindungsbahn; Kohlen- und Produktenbahnhof).

Sie waren entwicklungsbedingt und nicht das Ergebnis unausgewogener Planungen. Man ging im Gegenteil von der richtigen Überlegung aus, dass die Wirksamkeit von Verkehrsanlagen beziehungsweise der Zugangsstellen im Personen- und Güterverkehr von der Entfernung zu den Punkten des Verkehrsaufkommens abhängig war. Selbst bei Vorausschau der Stadtentwicklung über Jahrzehnte hätte deshalb keine wesentliche Etappe der Entwicklung der Infrastruktur der Eisenbahn im Rahmen der Stadtentwicklung übersprungen werden können.

Die zunehmende Einwohnerzahl und die Ausdehnung der Großstadt erforderte die Entwicklung des städtischen Nahverkehrs, der Ende des 19. Jahrhunderts einen schnellen Aufschwung nahm. Planungsvorstellungen, bereits zu dieser Zeit auch in Leipzig die Eisenbahn in Aufgaben des städtischen Verkehrs einzubeziehen, konnten nicht verwirklicht

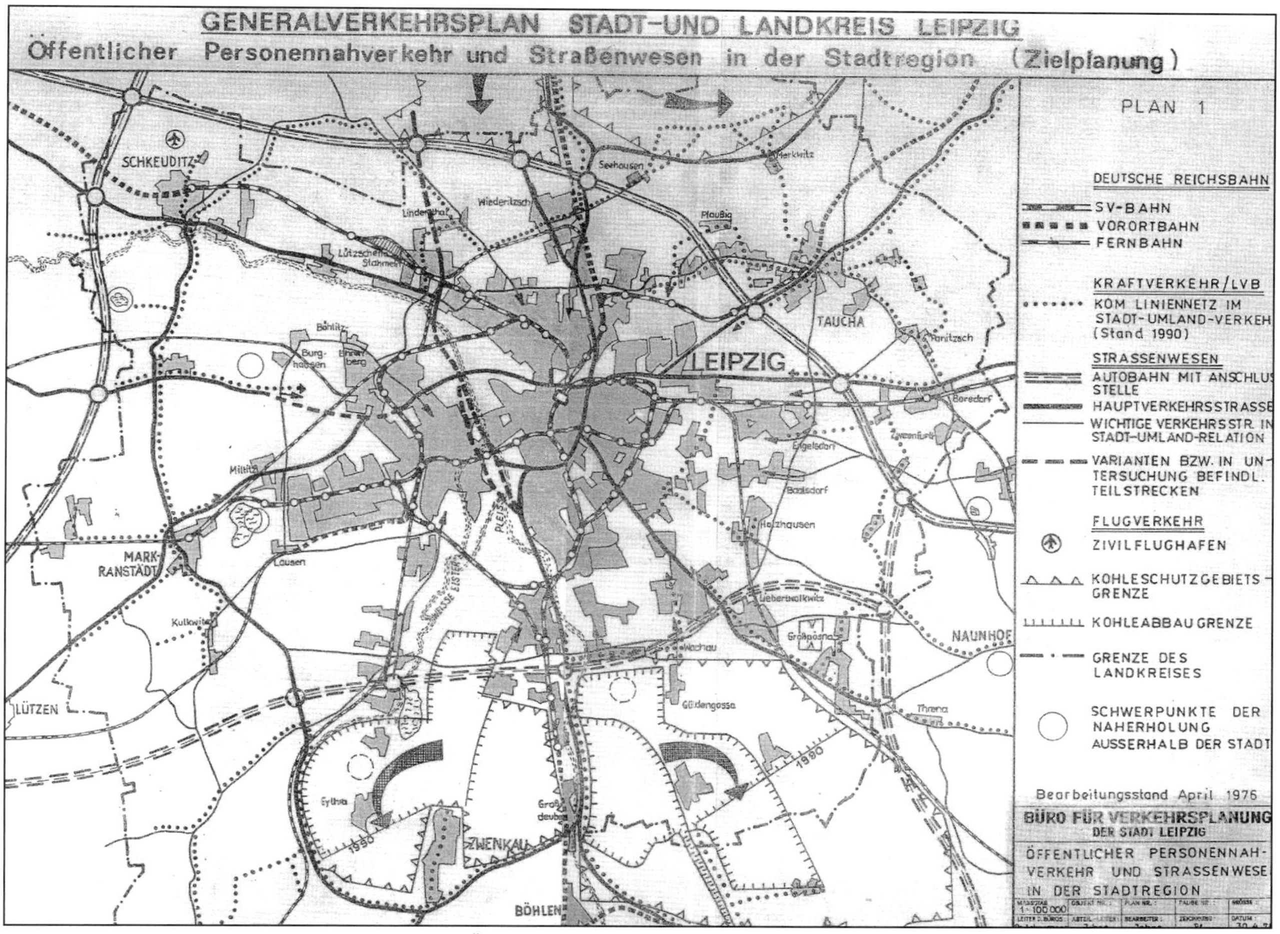

Generalverkehrsplan der Stadt Leipzig von 1975 – Öffentlicher Personennahverkehr und Straßenwesen in der Stadtregion (Zielplanung)

werden, obgleich die technischen Möglichkeiten ihrer Lösung schon vorhanden waren.

Das Bemühen, die Eisenbahn anfangs so nahe wie möglich an die bestehende Bebauung heranzuführen, ließ auch in Leipzig eine Reihe von Kopfbahnhöfen unterschiedlicher Eisenbahngesellschaften entstehen. Schon bald ergab sich die Notwendigkeit des Überganges von Personen und Gütern zwischen den einzelnen Bahnhöfen. Damit verbundene Erschwernisse sollten bereits in der Frühzeit der Eisenbahnentwicklung durch Verbindungsbahnen beseitigt werden. Zunächst in Geländehöhe angelegte Verbindungen gerieten wenig später mit der sich ausdehnenden Bebauung in Konflikt. Deshalb waren Überlegungen zu Direktverbindungen zwischen Kopfbahnhöfen in niveaufreier Führung von Interesse. Eine Hochbahnführung erschien städtebaulich nicht verträglich.

Dagegen war die unterirdische Gradiente weitgehend in Stadtstruktur und dicht bebaute, teilweise denkmalgeschützte Citybereiche integrierbar. Eine solche Bahn zum Bayerischen Bahnhof wurde auch beim Bau des Leipziger Hauptbahnhofes begonnen; der erste Weltkrieg verhinderte jedoch die Fertigstellung.

Ernsthafte Bemühungen um eine solche Verbindungsbahn in unterirdischer Lage wurden erst wieder nach dem zweiten Weltkrieg getroffen, als 1953 in einer Studie ein neuer Trassenvorschlag vorgelegt wurde. Diese Arbeit fand in den 60er- und 70er-Jahren ihre Fortsetzung mit vertieften verkehrsplanerischen, bau- und geotechnischen Untersuchungen. Als Baubeginn wurde damals Mitte der 70er-Jahre angestrebt.

Die gesellschaftspolitische Entwicklung mit ihren Realitäten dämpfte indes diesen Optimismus und verhinderte mit den sehr begrenzten finanziellen Mitteln und Baukapazitäten auch diesmal weitere bauvorbereitende Maßnahmen und die Baudurchführung.

Die Untersuchungen der 60er- und 70er-Jahre hatten im Zusammenwirken von Praxis und Wissenschaft zu einem soliden Ergebnisfundament geführt, auf dem später in finanziell und materiell besseren Zeiten aufgebaut werden sollte.

City-Tunnel Leipzig
Die Wiederaufnahme des Projektes nach 1989

Die Entwicklung nach der politischen Wende 1989

Mit der politischen Wende in der DDR 1989 und der sich abzeichnenden Deutschen Einheit wurde schnell klar, dass eine der vordringlichsten Aufgaben für eine rasche wirtschaftliche Entwicklung der Ausbau der Verkehrsnetze sein musste.

Die schnell anwachsende Motorisierung der Bevölkerung erzeugte insbesondere in den Ballungsräumen Ostdeutschlands Verkehrsprobleme, die einer umfassenden Lösung bedurften. Ebenso veränderte sich die wirtschaftliche Struktur im Ballungsraum Leipzig/Halle: Die Renaturierung der Nachfolgelandschaften ehemaliger Braunkohletagebaue, die Modernisierung ausgewählter Industriestandorte der chemischen Industrie, die Schaffung neuer Wirtschaftszentren, eine wachsende Besiedlungsdichte und eine stärkere Verflechtung innerhalb der Region erfordern ein leistungsfähiges Verkehrssystem. Das bisherige Nahverkehrsnetz war den neuen Entwicklungen nicht gewachsen. Die in Leipzig und Halle betriebenen S-Bahnen erreichten nun nicht die potenziellen Wirtschaftsstandorte, so das Güterverkehrszentrum im Nordwesten Leipzigs, das neue Messegelände, den Flughafen Leipzig/Halle und andere Ansiedlungen in Markkleeberg, Schkeuditz, Taucha oder Delitzsch. Das komplexe Liniennetz der Straßenbahnen und Busse konnte dies nicht kompensieren.

Um die notwendigen Planungen für eine zukunftsweisende Verkehrsentwicklung voranzubringen, wurde bereits in der Periode des Runden Tisches 1990 in der Stadt Leipzig eine „Kommission Verkehr" gebildet. Durch die 1991 erfolgte Gründung des „Fachausschusses Verkehr" konnte diese konzeptionelle Arbeit fortgesetzt werden.

Die sich abzeichnenden wirtschaftlichen und strukturellen Veränderungen erforderten, dass das vorhandene Straßenbahnnetz erhalten und qualitativ ausgebaut werden musste. Für die regionale Entwicklung war jedoch der Ausbau des Bahnnetzes von wesentlicher Bedeutung. Eine attraktive S-Bahn sollte zunehmend die Verbindung zwischen Stadt und Land regeln.

Da die regionalen Planungen nur stadtübergreifend bearbeitet werden konnten, bildeten sich unter Federführung der Regierungspräsidien Leipzig und Halle Arbeitsgruppen, die diese Aufgaben vorbereiteten. Gleichzeitig wurde der Kontakt zum Freistaat Sachsen gesucht.

Als Ergebnis dieser vielfältigen Aktivitäten zeichnete sich ab, dass die bisherigen Planungen zum Ausbau des Schienennetzes durchaus geeignet waren, den neuen Entwicklungen gerecht zu werden. Das Problem bestand zu Beginn der 90er-Jahre allerdings darin, dass schwer einzuschätzen war, welche Strecken an Bedeutung gewinnen und welche an Bedeutung verlieren würden.

Der FlughafenExpress verbindet den Flughafen Leipzig/Halle mit dem Hauptbahnhof

Als Beispiel hierfür kann die Strecke zwischen Leipzig Hauptbahnhof und Leipzig-Leutzsch genannt werden: Dieser zweigleisige Streckenabschnitt, der eine hohe Bedeutung für den Fernverkehr hat, wurde mit Inbetriebnahme der S-Bahn 1969 ständig an der Grenze seiner Leistungsfähigkeit betrieben. Dem hätte mit einem viergleisigen Ausbau dieses Streckenabschnitts Rechnung getragen werden müssen. Da aber 1991 nicht abzusehen war, wie perspektivisch der Fernverkehr in Ost-West-Richtung verlaufen wird, wurde dieses Thema zunächst zurückgestellt und ermittelt, welche

Das Herzstück der Leipziger Messe: die Glashalle

Verbindungen in der Perspektive von wesentlicher Bedeutung sein werden.

Die Überlegungen führten zu dem Ergebnis, dass es für die regionale Entwicklung unabdingbar sein würde, die vorhandene Verbindung zwischen Leipzig und Halle durch eine leistungsfähige, möglichst direkt geführte S-Bahn-Strecke zu ersetzen. Mit der Planung dieser Verbindung war auch zu klären, ob der auszubauende Flughafen Leipzig/Halle – der unbedingt einen Gleisanschluss erhalten sollte – an die S-Bahn Halle – Leipzig angeschlossen wird oder ob dafür andere Verbindungen geeignet wären.

Wesentlichste Erkenntnis der ersten Planungen für ein regionales Bahnnetz war allerdings, dass ein effektives regionales Bahnnetz nur geschaffen werden kann, wenn durchgehende Verbindungen existieren, die gleichzeitig auch wichtige Ziele der Stadt Leipzig anbinden. Dafür waren die vorhandenen Planungen, den Leipziger Hauptbahnhof mit dem Bayerischen Bahnhof durch einen Tunnel zu verbinden und in diesem Tunnelabschnitt möglichst viele Zulaufstrecken zu bündeln, bestens geeignet. Da die Führung des Fernverkehrs zu diesem Zeitpunkt noch nicht abschließend geklärt war, wurde als Option offen gehalten, neben einem zweigleisigen Tunnel für den regionalen Verkehr auch einen zweigleisigen Tunnel für den Fernverkehr herzustellen.

Die Grundzüge dieser Planung wurden dann Bestandteil aller regionalen Konzeptionen und auch der verkehrspolitischen Leitlinien der Stadt Leipzig, die von der Stadtverordnetenversammlung Ende 1992 beschlossen wurden. Damit ist ein wichtiges Element für die Entwicklung der Stadt Leipzig und der Region bestätigt worden. Der Leipziger Stadtrat bekräftigte mit seinem Entscheid die historische Kontinuität des Projektes seit den ersten Überlegungen vom Ende des 19. Jahrhunderts. Der Lückenschluss im Eisenbahnnetz, seit vielen Jahren ein Bestandteil der sächsischen und der Leipziger Verkehrsplanung, hatte nun – an der Schwelle zum 21. Jahrhundert – eine realistische Chance auf Realisierung.

Die Position der Stadtverordnetenversammlung wurde im Dezember 1992 in einem

Ein RegionalExpress beim Halt im Flughafenbahnhof Leipzig/Halle

Schreiben des damaligen Oberbürgermeisters der Stadt Leipzig, Dr. Hinrich Lehmann-Grube, an das Sächsische Staatsministerium für Wirtschaft und Arbeit (SMWA) dargelegt und die Staatsregierung gebeten, dieses Projekt zu prüfen und zu fördern. Durch den Freistaat Sachsen und die Stadt Leipzig wurden in der Folge mehrere Aufträge erteilt, um mögliche Finanzierungsansätze zu untersuchen, alternative Überlegungen zur Bauherrenschaft zu klären und erste Planungen zu konkretisieren.

Der zeitweilige „Ausschuss Verkehr" der Stadtverordnetenversammlung behandelte im Mai 1993 die generelle Trassenführung des City-Tunnels und die Anordnung der vier Tunnelbahnhöfe mit der zentralen Station unter dem Leipziger Markt.

Der Begriff „City-Tunnel" entwickelte sich aus dem bis dahin verwendeten Begriff „S-Bahn-Tunnel" im Verlauf der fortschreitenden Diskussion des Projektes. Insbesondere sollte hier – in Abgrenzung von anderen öffentlichen Projekten – die regionale Bedeutung betont werden.

Die in der Folgezeit ausgelösten Aufträge führten zu einem Planungsstand, der in der Ratsversammlung vom 14. Juni 1995 als Grundsatzbeschluss gefasst wurde. Darin heißt es unter anderem:
„Die Stadtverwaltung wird beauftragt, die Bemühungen der Sächsischen Staatsregierung um eine finanzielle Einordnung des Vorhabens in die Bundes- und Landespläne zu unterstützen und bei der weiteren Vorbereitung und Planung des Vorhabens mitzuwirken." [51]

Basierend auf dem Grundsatzbeschluss und den zwischenzeitlich verbindlich eingegangenen Aussagen der Deutschen Bahn und des Freistaates Sachsen, dieses Projekt mit allen Kräften unterstützen zu wollen sowie an der Planung und Realisierung aktiv mitzuwirken, wurde den weiteren Planungsabsichten mit Gründung der S-Bahn-Tunnel Leipzig GmbH (Beschluss der Ratsversammlung vom 15. März 1996) Nachdruck verliehen. (Zur Gründung der S-Bahn Tunnel GmbH siehe Kapitel „Die Planungs- und Entwicklungstätigkeit der S-Bahn Tunnel Leipzig GmbH")

Der Verlauf des City-Tunnels mit den vier geplanten Tunnelstationen (von links: Hauptbahnhof, Markt, Wilhelm-Leuschner-Platz und Bayerischer Bahnhof)

Verkehrspolitische Zielsetzungen des Freistaates Sachsen

Mit der Gründung des Freistaates Sachsen, der Wahl des Sächsischen Landtages im Jahre 1990 und der Berufung der Staatsregierung übernahm das Sächsische Staatsministerium für Wirtschaft und Arbeit die Verantwortung für die Verkehrspolitik des Landes. Die Staatsregierung hatte sich einer Vielzahl von verkehrspolitischen Problemen zu stellen, mussten doch vor allem Versäumnisse der Infrastrukturentwicklung seit 1939 aufgeholt werden. Hinzu kam, dass lange bestehende Planungen in Sachsen aus der Zeit vor dem Zweiten Weltkrieg zwar nicht in Vergessenheit geraten waren, aber 1939 bis 1989 wenig Chancen auf Realisierung gehabt hatten.

Das Ministerium untersuchte daher zunächst, welche nicht realisierten Projekte aus der Sicht des Jahres 1991 wieder aufgenommen und einer möglichen Realisierung zugeführt werden sollten. Es befasste sich mit einer konzeptionellen Zielplanung, um die Verkehrsinfrastruktur an die der alten Bundesländer in einer angemessenen Frist anzugleichen. Dazu gehörte insbesondere die Prüfung von Infrastrukturprojekten des Regional- und Nahverkehrs der Bahn und kommunaler Verkehrsbetriebe.

Zwei bedeutende Großprojekte dieser seinerzeit langfristig angelegten Verkehrsplanungen im Eisenbahnbereich Sachsens sind die S-Bahnen in den Ballungsräumen Leipzig und Dresden. In beiden Fällen waren wesentliche Gleisanlagen des Nahverkehrs den Reparationsleistungen an die Sowjetunion zum Opfer gefallen. In der Region Dresden konnte wegen fehlender Infrastruktur ein geregelter S-Bahn-Verkehr im Sinne der Qualitätsmerkmale nachfragegerechte Taktzeiten, Verlässlichkeit, Pünktlichkeit usw. nicht gewährleistet werden. Im Raum Leipzig war eine neue S-Bahn-Strecke nach Grünau entstanden; ein S-Bahn-Netz mit einer unterirdischen Stammstrecke – vergleichbar mit Frankfurt/Main oder München – fehlte jedoch.

In diesem Zusammenhang besann man sich nach Abschluss einer ersten Bestandsaufnahme auf das Projekt des Innenstadt-Tunnels in Leipzig. Erste Vorprüfungen bestätigten, dass

Projekt S-Bahn Leipzig-Halle (Saale): Baustelle Slevogtstraße – neue Straßenunterführung und neuer Haltepunkt

ein im Großraum Leipzig/Halle ohnehin notwendiges S-Bahn-Netz ohne eine im Tunnel geführte Stammstrecke in Leipzig nicht denkbar sei. In einem ersten verkehrspolitischen Grundsatzgespräch im Jahre 1991 zwischen Bundesverkehrsminister Prof. Dr. Krause und Staatsminister Dr. Schommer wurde daher unter anderem die Realisierung und Finanzierung der Bahn-Netze in Leipzig und Dresden behandelt. Gegenstand der Beratungen war die Idee eines vom Bund zu finanzierenden, viergleisigen Eisenbahntunnels unter der Stadt Leipzig. Im Rahmen der Anfang der 90er-Jahre großzügig angelegten Planungsideen sowie der finanziellen Möglichkeiten hielt man getrennte Tunnelröhren für den Fern- und Nahverkehr für erforderlich.

Diesen Gesprächen folgten Verhandlungen im Hause der damaligen Reichsbahndirektion Halle. Im Ergebnis wurde 1991 festgestellt: Der Fernbahntunnel sollte im Rahmen der „Verkehrsprojekte deutsche Einheit (VdE) 8.2 und 8.3 (Berlin-Leipzig-Erfurt)" durch Mittel des Bundesverkehrswegeplans realisiert (mit einer Südeinbindung der Strecke von Erfurt), der Tunnel mit zwei Gleisen für den Regional- und Nahverkehr hingegen als Projekt des Gemeindeverkehrsfinanzierungsgesetzes (GVFG) aufgenommen werden.

Die Fernverkehrsthematik der Schienenprojekte behandelte die „Planungsgesellschaft Bahnbau deutsche Einheit (PbdE)" im Auftrage der Bahn, während die Fragen der S-Bahn zunächst nur von Sachsen, später unter Mitwirkung von Sachsen-Anhalt gemeinsam mit Bund und Bahn vorangebracht wurden. Die Planungsgesellschaft entschied sich nach einer umfangreichen Überprüfung für eine Parallelführung der Neubaustrecke Berlin–Leipzig zur Autobahn Leipzig-Halle innerhalb Sachsens und damit für eine Nordeinbindung in den Leipziger Hauptbahnhof. Damit war einerseits eine Anbindung des Flughafens Leipzig/Halle und der Leipziger Messe an die Fernbahnstrecke gesichert, andererseits aber die Finanzierung eines Fernverkehrstunnels unter der Leipziger Innenstadt ausgeschlossen worden. Die sich daran anschließenden Finanzierungsverhandlungen gingen nunmehr davon aus, dass im Wesentlichen Nahverkehrsmittel zur Verfügung stehen, wobei schon zu diesem Zeitpunkt das beabsichtigte Betriebsprogramm neben einer Vielzahl von Nahverkehrszügen Trassen für den Fernverkehr auf der Sachsen-Franken-Magistrale Richtung Plauen vorsah.

Der Planungsprozess für das S-Bahn-System Sachsens und Sachsen-Anhalts konnte nach Verhandlungen der Bundesländer, des Bundes und der Bahn dadurch eingeleitet werden, dass das Bundesministerium die damalige Deutsche Reichsbahn zunächst mit der Planung der S-Bahn Leipzig-Halle beauftragte. Ein vergleichbarer Anstoß für das Tunnelprojekt Leipzig wurde vom Ergebnis einer Wirtschaftlichkeitsrechnung abhängig gemacht. Die Kosten für die Planung hatten die Länder Sachsen und Sachsen-Anhalt zu übernehmen.

Die geschilderten verkehrspolitischen Zielsetzungen fanden eine Würdigung und Bestätigung durch die Behandlung in den zuständigen Gremien des Sächsischen Landtages. Als Beratungsergebnis erging der Auftrag an die Staatsregierung, alle notwendigen Schritte zur Realisierung einzuleiten. Im Jahre 1992 wurde eine Arbeitsgruppe für Großprojekte im Nordraum Leipzigs eingerichtet. Diese Gruppe

Straßenbahnhaltestelle vor dem Leipziger Hauptbahnhof

befasste sich zunächst mit der Planung der Erschließung der Neuen Messe, später mit allen Verkehrsprojekten im Leipziger Raum, auch mit dem S-Bahn-Projekt. Die Ergebnisse wurden als verkehrspolitische Ziele des Freistaats der Öffentlichkeit vorgestellt und publiziert. [52] Bereits 1993 wurde von Dresden aus postuliert, dass das Vorhaben des Leipziger Tunnels noch „in diesem Jahrzehnt“ begonnen werden soll.

Das Ingenieurbüro Schlegel-Dr. Spiekermann Dresden erhielt 1992 den Auftrag zur Erarbeitung einer Machbarkeitsstudie für das Projekt. Eine entsprechende technische Vorplanung sollte eine fundierte Basis für die Einstellung des Projektes in das GVFG-Bundesprogramm bringen. Parallel dazu wurde das Büro INTRAPLAN München mit ersten verkehrswirtschaftlichen Untersuchungen beauftragt.
Im Ergebnis dieser ersten Untersuchungen richtete das Ministerium im Frühjahr 1993 einen Ausschuss ein, der sich Ende 1993 mit den Ergebnissen der entsprechenden Gutachten befassen, diese bestätigen und zur Verwendung bei den Verhandlungen mit dem Bund freigeben konnte.

Die Vorplanungen und die Wirtschaftlichkeitsuntersuchung schlossen 1993 mit einem positiven Ergebnis ab. So nahm der Bund das Projekt in das GVFG-Bundesprogramm auf, was Voraussetzung für die Unterzeichnung des Bau- und Finanzierungsvertrages durch die Bahn und die beteiligten Länder im Jahre 1996 war. Bei der Vertragsunterzeichnung war es für Sachsen selbstverständlich, den Bund und die Bahn auf die anstehende Entscheidung zur Einbindung der Strecke in das Leipziger City-Tunnel-Projekt festzulegen.

Innerhalb der Diskussion um Leipziger Projekte nahm das Tunnelprojekt damit immer deutlichere Züge an. So sprach sich der damalige sächsische Ministerpräsident Prof. Dr. Kurt Biedenkopf gelegentlich der Grundsteinlegung zur Neuen Leipziger Messe im Jahre 1993 für eine Anbindung der Stadt an das Messegelände im Norden der Stadt durch eine schnelle Bahnverbindung – eine „City-Bahn“ – und damit für den City-Tunnel aus.

Gleisanlagen und nördlicher Tunnelaustritt am Hauptbahnhof

Verkehrspolitische Zielsetzungen der Stadt Leipzig

Mitte der 90er-Jahre standen in Leipzig zwei Entscheidungen an, die für die Entwicklung des Öffentlichen Personennahverkehrs in der Stadt und der Region Leipzig zukunftsweisenden Charakter haben sollten:

- der Aus- und Umbau von ausgewählten Straßenbahnlinien zu Stadtbahnlinien;
- die Verbesserung des bisherigen S-Bahn-Netzes durch den Bau eines Tunnels zwischen dem Hauptbahnhof und dem Bayerischen Bahnhof.

Daher musste es das Leipziger Interesse sein, darzustellen, dass es sich bei beiden Projekten zwar um unterschiedliche Systeme handelt, die aber nicht im Widerspruch zueinander stehen, sondern sich vielmehr ergänzen. Entscheidend hierbei ist die stadt- und regionalverkehrspolitische Schlüssigkeit für das Konzept des öffentlichen Verkehrs. Erst das aufeinander abgestimmte, effektive Zusammenspiel beider Systeme mit ihren spezifischen Produkten wird dazu beitragen, auch den zukünftigen Herausforderungen des öffentlichen Personenverkehrs zufrieden stellend zu begegnen und breite Zustimmung zu erlangen.

Nach umfangreicher Diskussion und Abwägung von Änderungsvorschlägen im Zeitraum vom Februar 1998 bis November 1998 wurde der (lokale) Nahverkehrsplan (NVP) der Stadt Leipzig mit großer Mehrheit vom Stadtrat beschlossen. Der Nahverkehrsplan ist eine Fortschreibung und Konkretisierung der von der Stadtverordnetenversammlung beschlossenen verkehrspolitischen Leitlinien. In seine Erstellung war der City-Tunnel integriert.

Über den Zweckverband für den Schienenpersonennahverkehr im Nahverkehrsraum Leipzig und seinen Auftragnehmer, den Mitteldeutschen Verkehrsverbund (MDV GmbH), erfolgte zwischenzeitlich die im Rahmen des sächsischen ÖPNV-Gesetzes vorgegebene Zusammenführung zu einem Nahverkehrsplan für die Region. Elementare Grundlage des Planes ist dabei der City-Tunnel.

Gleisanlagen und südlicher Tunnelaustritt am Bayerischen Bahnhof

Neue Impulse für den Planungsprozess

Mit der Veröffentlichung der Denkschrift „Sächsische Wege. S-Bahn-Tunnel Leipzig" im Jahre 1995 [53] wurden der Öffentlichkeit erstmals die bis dahin erreichten Planungsergebnisse vorgestellt, die aus der Machbarkeitsstudie erwachsen waren. Ein mehr als drei Kilometer langer Tunnel, unmittelbar unter der Leipziger Innenstadt, soll vier unterirdische Stationen erhalten und wird circa eine Milliarde DM kosten. Zwar war die Finanzierung noch unklar, aber bei einem Nutzen-Kostenfaktor von 2,4 (Stand 1995) gingen die Beteiligten von einer Finanzierbarkeit des Projektes aus.

Interessant war im Rahmen der Machbarkeitsstudie die Frage, an welcher Stelle der Tunnel das Empfangsgebäude des Leipziger Hauptbahnhofs unterqueren sollte und ob noch vorhandene Anlagen der begonnenen Verbindung unter der Ostseite hierzu genutzt werden könnten. Aufgrund der Lage der einzubindenden Zulaufstrecken und der Gestaltung der Umsteigebeziehungen wurde jedoch eine Führung der Tunnelgleise unter den beiden Bahnsteigen 3 und 4, also auf der Westseite des Bahnhofs, präferiert.

Im September 1994 trug der Bahnvorstand erstmals im zuständigen Ministerium in Dresden die bei der Deutschen Bahn entwickelte Konzeption zur Neugestaltung und kommerziellen Mehrfachnutzung stark frequentierter Bahnhöfe in Deutschland vor. Der Leipziger Hauptbahnhof sollte ebenso wie der Hauptbahnhof in Köln ein Modellprojekt werden.

Diese Absicht der Bahn, den Leipziger Hauptbahnhof in ein Kommunikations- und Dienstleistungszentrum umzugestalten, und die Zielsetzungen der Stadt Leipzig zur Bebauung und städtebaulichen Neuordnung des Bereiches am Wilhelm-Leuschner-Platz, erforderten von den Verantwortlichen bei Stadt und Land weitere Aktivitäten, um den Tunnel planerisch zu berücksichtigen.

So wurden die Bahn beziehungsweise deren Projektträger – die ECE – verpflichtet, bei dem ausgeschriebenen Architektur-Wettbewerb und den weiteren Planungen zum Umbau des Hauptbahnhofs baustatische Vorkehrungen für einen zukünftigen Tunnelbahnhof einzubeziehen.

Neubaustrecke Leipzig – Gröbers
mit Teilansicht der Brücke des
Flughafen Halle/Leipzig

Das Ergebnis des Wettbewerbes brachte die planerische Berücksichtigung eines Tiefbahnsteiges unter den Gleisen 3 und 4. Voraussetzung für die Durchführung der erforderlichen baulichen Maßnahmen war allerdings die Vorfinanzierung dieser Tiefbauarbeiten durch den Freistaat Sachsen in Höhe von circa vier Millionen Euro.

Im weiteren Verlauf stellte das zuständige Fachministerium den erforderlichen Betrag zur Verfügung, so dass die baulichen Vorleistungen unter dem Hauptbahnhof durchgeführt und damit faktisch erste Schritte für den Tunnelbau eingeleitet werden konnten. Für den Bereich des Wilhelm-Leuschner-Platzes vergab die Stadt Leipzig auf der Basis der Machbarkeitsstudie einen Auftrag für eine detaillierte Tunnelplanung, die bei den vorgesehenen Hochbauplanungen berücksichtigt werden sollte. Sie beabsichtigte weiterhin, für die Sicherung der Trasse in diesem Abschnitt einen Bebauungsplan aufzustellen und damit eine erste Beschlussfassung des Stadtrates herbeizuführen.

Auswirkungen der Bahnreform

Neue Impulse für die Eisenbahnpolitik in Deutschland und für den City-Tunnel selbst ergaben sich 1995 durch das Wirksamwerden der Bahnreform. Mit der Privatisierung der Bahn und der Verlagerung der Zuständigkeit für den Schienenpersonennahverkehr vom Bund auf die Länder ergaben sich sowohl eine größere Eigendynamik innerhalb der Bahn als auch eine stärkere Stellung der Länder dem Verkehrsunternehmen gegenüber. Durch die neuen Bundesgesetze, mit denen die Länder zu unmittelbaren Vertragspartnern der Bahn wurden, entstanden neue Spielräume. Neben den bisherigen, allerdings verminderten GVFG-Mitteln des Bundes standen nunmehr erstmals die Regionalisierungsmittel gemäß Reg.G in alleiniger Verantwortung der Länder sowie die „Altlastenmittel für das Gebiet der ehemaligen Deutschen Reichsbahn“ für Finanzierungen zur Verfügung.

Da im Zuge der Bahnreform die Bahn nicht mehr die Verantwortung für die technische Planung des S-Bahn-Tunnels trug, wurden nun neue Überlegungen hinsichtlich künftiger Organisationsstrukturen notwendig: Damit war es erforderlich, die Planungsgesellschaft unter Beteiligung des Landes, der Stadt und der Bahn zu gründen, um die technischen Unterlagen und die Beschlussreife des Projektes voranzubringen.

Im Vollzug der neuen Rechtslage legte die Staatsregierung das ÖPNV-Gesetz Sachsen vor, das die Finanzierung und die Organisation des Öffentlichen Personennahverkehrs in Sachsen regelt. Mit der „Eisenbahnkonzeption Sachsen“ (1995) [54] bekannte sich Sachsen erstmals über die landesplanerisch festgelegten Prinzipien hinaus zum S-Bahn-System der Region Leipzig einschließlich des Bahntunnels. Der Landesverkehrsplan [55] und die 1999 verabschiedete Verordnung der Staatsregierung zum „Fachlichen Entwicklungsplan Verkehr“ (FEV) [56] bildeten die rechtliche und politische Grundlage für weitere Entscheidungen.

Der Landesverkehrsplan weist als Verkehrsprognose eine Belastung des Tunnels südlich des Hauptbahnhofs von 85 000 Reisenden pro 24 Stunden aus und belegt damit die Notwendigkeit des Projektes. Der FEV weist die Tunneltrasse aus und legt sie als Vorranggebiet gemäß Sächs.LPl.G fest.

Positive Anstöße erhielt das Leipziger Tunnelvorhaben auch durch den Fortgang des Planungsprozesses für die S-Bahn-Strecke Halle – Leipzig als Gemeinschaftsprojekt der Bahn und der beiden Länder Sachsen und Sachsen-Anhalt.

Die Vorplanungen konnten positiv abgeschlossen werden. Die Wirtschaftlichkeitsuntersuchung für diese Strecke schloss mit einem positiven Ergebnis – die bautechnische Verknüpfung mit dem Verkehrsprojekt Deutsche Einheit 8.2 im Bereich Gröbers war augenfällig.

So nahm der Bund dieses Projekt in das GVFG-Bundesprogramm auf, was eine Voraussetzung für die Unterzeichnung des Bau- und Finanzierungsvertrages durch die Deutsche Bahn AG und die beiden beteiligten Länder war. Die Kosten trägt zu 60 Prozent der Bund, die beiden Länder tragen 40 Prozent der im jeweiligen Land entstehenden Kosten. Bei der Vertragsunterzeichnung war es für Sachsen selbstverständlich, den Bund und die Bahn auf die anstehende Entscheidung zur Einbindung der Strecke in das Leipziger City-Tunnel Projekt festzulegen.

Das S-Bahn-Projekt Leipzig-Halle ist zwischenzeitlich im Bau und steht vor der Vollendung. Der Abschnitt Leipzig – Gröbers des Verkehrsprojektes Deutsche Einheit 8.2 wurde bereits Ende Juni 2003 in Betrieb genommen. Der Flughafen Halle/Leipzig erhält mit dem Flughafenbahnhof an dieser Strecke einen unmittelbaren Anschluss an den Fern- und Regionalverkehr der Deutschen Bahn AG.

Die Planungs- und Entwicklungstätigkeit der S-Bahn Tunnel Leipzig GmbH

Die Gesellschaftsgründung

In Vorbereitung der Gesellschaftsgründung und zur Information der Öffentlichkeit gab das Sächsische Staatsministerium für Wirtschaft und Arbeit gemeinsam mit der Stadt Leipzig 1995 eine Denkschrift zum Leipziger City-Tunnel „Sächsische Wege. S-Bahn-Tunnel Leipzig" [53] heraus. Hier wurden die zukünftige Funktion des Tunnels, die Planungsziele und die eisenbahnseitige Einbindung des Projektes in das Leipziger Bahnnetz dargestellt.

Mit der Gründung der Planungsgesellschaft für den City-Tunnel in Leipzig konnte die tatsächliche Planung für das Projekt beginnen. In der Präambel des Gesellschaftsvertrages heißt es zu den Zielen der Gesellschaft: „Erklärtes Ziel der Gesellschafter … ist es, Grundlagen für eine Entscheidung zum Bau des Tunnels zu erarbeiten. Es ist auch Ziel, ein Finanzierungskonzept für den Tunnel zu erstellen und mit den zu beteiligenden Zuschussstellen und -behörden abzustimmen."

Da es sich bei dem Tunnel sowohl um eine Betriebsanlage der Deutschen Bahn als auch um eine innerstädtische Verkehrsanlage handelt, verständigten sich die Beteiligten, zwei technische Geschäftsführer zu bestellen. Die Stadt Leipzig hat Walter Stein, gleichzeitig Leiter des Amtes für Verkehrsplanung, vorgeschlagen, die Deutsche Bahn Dietmar Ludwig, Infrastrukturplaner der DB Netz AG für den Eisenbahnknoten Leipzig. Zur Unterstützung der Geschäftsleitung wurde des Weiteren Andreas Glowienka, gleichzeitig angestellt bei der Beratungsgesellschaft für Beteiligungsverwaltung Leipzig GmbH (BBVL), als kaufmännischer Leiter eingesetzt und mit Prokura ausgestattet.

Da die Arbeit der S-Bahn Tunnel Leipzig GmbH (SBTL) zeitlich begrenzt war, wurde auch die Zahl der Mitarbeiter gering gehalten. Für die wesentlichsten Planungsleistungen sollten Ingenieurbüros und externe Berater beauftragt werden.

Als Gesellschafter bekannten sich für das Projekt der Freistaat Sachsen, die Stadt Leipzig, die Deutsche Bahn AG zu gleichen Teilen sowie mit einer Minderheitsbeteiligung auch die Leipziger Messegesellschaft. Die Gründung erfolgte am 26. Juni 1996.

Die Tätigkeit der Gesellschaft wurde durch den Aufsichtsrat – unter Vorsitz von Staatsminister Georg Milbradt – geleitet. Der Aufsichtsrat wiederum berief einen Beirat (Vorsitz: Reinhard W. Heinemann), der die Geschäftsführung zur inhaltlichen Begleitung des Planungsprozesses und zur Vorbereitung der Aufsichtsratssitzungen beriet. Der Aufsichtsrat trat am 2. September 1996 zu seiner konstituierenden Sitzung zusammen.

Das Gesamtprojekt City-Tunnel Leipzig setzt sich aus dem Tunnel einschließlich seiner Auftauchbereiche sowie der netzergänzenden Maßnahmen zusammen, die für die Ertüchtigung des S-Bahn-Netzes notwendig sind. Aufgabe der Gesellschaft war es, für dieses Gesamtprojekt in Abstimmung mit den überörtlichen und regionalen Planungswerken ein Verkehrskonzept zu entwickeln, die verkehrlichen und betrieblichen Auswirkungen zu untersuchen, das Konzept in einer Nutzen-Kosten-Untersuchung zu bewerten sowie eine technische Planung vorzulegen, die Voraussetzung für eine baurechtliche Genehmigung ist. Zudem wurden die Grundlagen für die Finanzierung des Projektes geschaffen.

Im Vollzug des ÖPNV-Gesetzes Sachsen war 1996 die Landesverkehrsgesellschaft Sachsen als Aufgabenträger für den Schienenpersonennahverkehr gegründet worden. Sie wirkte bis 1999 am Planungsprozess mit und erhielt den Auftrag, erste Vorschläge für ein zukünftiges Betriebsprogramm und vertragliche Regelungen zur zukünftigen Bestellung des SPNV zu erarbeiten.

Das Empfangsgebäude des Hauptbahnhofes mit Bahnhofsvorplatz

Verkehrsplanung und Nutzen-Kosten-Untersuchung

Die Förderung eines Infrastrukturvorhabens mit öffentlichen Mitteln setzt den Nachweis eines gesamtgesellschaftlichen Nutzens voraus. Für Investitionen in den Öffentlichen Personennahverkehr ist ein standardisiertes Bewertungsverfahren zur Berechnung des Nutzen-Kosten-Verhältnisses anzuwenden, die so genannte Nutzen-Kosten-Untersuchung (NKU). Für den City-Tunnel Leipzig wurde diese Untersuchung bereits Anfang 1997 in Auftrag gegeben.

Aufgrund der Komplexität dieser Analyse und der Schwierigkeit bei der Erstellung der entsprechenden Verkehrsprognosen für einen Planungshorizont von zehn bis 15 Jahren wurde eine Planungsgemeinschaft aus zwei namhaften Büros gebildet, die langjährige Erfahrungen im gesamten Bundesgebiet und – in den letzten Jahren – auch im mitteldeutschen Raum vorweisen können: INTRAPLAN aus München und Schlegel-Dr. Spiekermann aus Dresden.

Voraussetzung einer Nachfrageanalyse und -prognose ist ein verkehrsplanerischer Ansatz für das zukünftige Liniennetz. Natürlich gab es bereits im Vorfeld der Gründung der SBTL konkrete Vorstellungen über ein mögliches S-Bahn-Netz mit City-Tunnel. Der Grundgedanke bestand in der wesentlichen Beibehaltung vorhandener S-Bahn- und Regionalbahn-Linien unter Veränderung des Laufweges und Bündelung der nachfragestärksten Relationen auf der Tunnelstrecke. Mit der Führung des Tunnels direkt unter der Innenstadt und der Schaffung neuer Zugangsstellen verstärkt sich die Nachfragewirkung erheblich. Gleichzeitig werden auf einigen Zulaufstrecken durch begleitende Investitionen S-Bahn-Standards geschaffen und im gesamten Verdichtungsraum (auch: Ballungsraum) ein kundenfreundlicher Takt eingeführt.

Eine entscheidende Prämisse bei allen verkehrsplanerischen Überlegungen war die Tatsache, dass die Mittel für den Schienenpersonennahverkehr vom Land vorgegeben werden und daher begrenzt sind. So entstand die Idee, einen Teil der Regionalbahnen durch S-Bahnen zu ersetzen.

Ein Doppelstock-S-Bahn-Zug steht abfahrbereit im Leipziger Hauptbahnhof.

Man spricht hier auch vom S-Bahn-Vorlaufbetrieb: Über die Grenzen des Verdichtungsraumes hinaus verkehrt jeder zweite oder dritte Wagenzug bis zu einem entsprechenden Mittelzentrum und ersetzt somit heutige Regionalverbindungen vollständig.

Einerseits vermeidet man die Brechung der Verkehrsströme und einen erzwungenen Umsteigevorgang; andererseits werden konkurrierende Wirkungen der Linien untereinander ausgeschlossen. Durch die Vernetzung von S-Bahn, Regionalbahn und auch Stadtbahn können die Systeme wirtschaftlicher arbeiten und Parallelangebote vermieden werden.

Im Verlauf der Verkehrsplanung ist man allerdings auf den entscheidenden Nachteil des heutigen 20-Minuten-Grundtaktes im S-Bahn-Netz gestoßen: Außerhalb der Hauptverkehrszeit verdünnt sich der Takt auf 40 Minuten, was jedoch für den Kunden aufgrund der schlechten Merkbarkeit unattraktiv ist. Eine weitere Ausdünnung auf 60 Minuten führt dazu, dass im Verdichtungsraum die Kunden auf andere Verkehrsträger ausweichen. Daher entschieden die Projektbeteiligten, zeitgleich mit der Inbetriebnahme der Tunnelstrecke das S-Bahn-Netz auf einen 15-Minuten-Grundtakt umzustellen.

Im Rahmen der Nutzen-Kosten-Untersuchung wurden unterschiedliche Linienkonzepte und -verläufe untersucht und ein optimiertes S-Bahn-Netz ermittelt, das sich wie folgt darstellt:

- S 1 Leipzig Miltitzer Allee–Leipzig-Stötteritz–Wurzen
- S 2 Dessau–Lutherstadt Wittenberg–Delitzsch–Altenburg–Zwickau
- S 3 Halle (Saale)–Schkeuditz–Leipzig-Connewitz
- S 4 Falkenberg–Eilenburg–Taucha–Gaschwitz

Dieses konzipierte S-Bahn-Netz konnte jedoch noch nicht alle verkehrlichen Zielstellungen für den Ballungsraum Leipzig/Halle erfüllen. Zum einen gab es noch keine Lösung für die schienenseitige Verbindung zwischen der Leipziger Innenstadt beziehungsweise dem Südraum mit dem Flughafen, zum anderen waren auch noch nicht alle wesentlichen Mittelzentren an das

Kopfbahnhof Leipzig: Zukünftig eine Durchgangsstation im neuen S-Bahn-Netz

neue SPNV-Netz angeschlossen. Daher verständigte sich der Aufsichtsrat darauf, die Tunnelnutzung nicht nur für den S-Bahn-Verkehr zuzulassen, sondern auch auf wichtige Nord-Süd-Linien des Regional- und Fernverkehrs auszudehnen, zumal der Tunnel auch für den Fernverkehr Berlin-Leipzig-Süddeutschland konzipiert werden sollte.

Im Frühjahr 1998 wurde die NKU in einer weiteren Fassung abgeschlossen. Die Gutachter hatten in dieser Untersuchung ein Nutzen/Kostenverhältnis von 2,7 ausgewiesen. Damit war belegt, dass der Leipziger Tunnel verkehrlich sinnvoll und nach den Kriterien der Standardisierten Bewertung des Bundes förderfähig sei. Dieses Ergebnis resultiert aus einer Mischnutzung des Tunnels: Die Grundlast stellt die S-Bahn mit insgesamt elf Zügen je Stunde und Richtung in der Hauptverkehrszeit. Zusätzlich sollen zwei RegionalExpress-Linien jeweils im Stundentakt den Tunnel befahren und zu einem 30-Minuten-Takt-Angebot zwischen Leipziger Innenstadt und Flughafen überlagert werden. Die Mitbenutzung des Tunnels durch den Fernverkehr (stündlich ein Fernzug je Richtung) verbessert die Wirtschaftlichkeit des Projektes.

Erstmals wurde im Frühjahr 1998 die Frage der Folgekosten des Projektes aufgeworfen. Nach der Inbetriebnahme des City-Tunnels beziehungsweise des Leipziger S-Bahn-Netzes müssen die Zugleistungen im Nahverkehr vom Freistaat bestellt und damit finanziert werden. Die Ermittlung der Größenordnung der entsprechenden Betriebskosten war auf der Basis der Belastungsprognosen beziehungsweise der davon abgeleiteten Zugzahlen möglich. Der Gutachter wurde entsprechend beauftragt.

Ende des Jahres 1998 legte die Bahn die Ergebnisse ihrer internen Wirtschaftlichkeitsrechnung vor. Sie besagte, dass das neue Verkehrskonzept aufgrund der zu erwartenden Einnahmenzuwächse und der Rationalisierungsimpulse so effizient ist, dass der Zuschussbedarf je gefahrenem Zugkilometer sinkt und das Zugvolumen ansteigen kann.

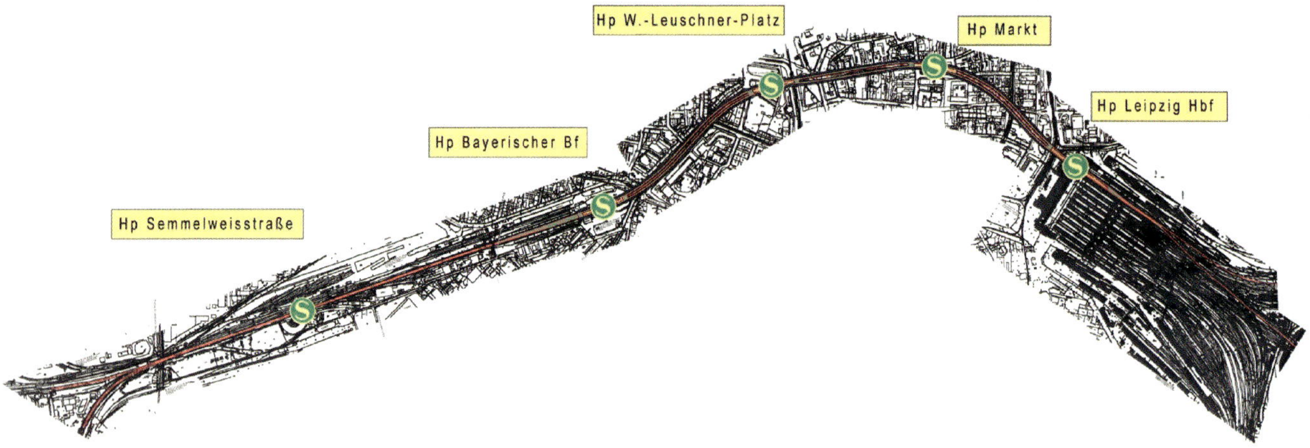

Lage der geplanten S-Bahn-Haltepunkte

Untersuchungen zu alternativen Lösungen

Aufgrund der relativ hohen Baukosten der Tunnelstrecke kam während der Planung des City-Tunnels die Diskussion um alternative Lösungsansätze auf. So wurde im Rahmen des Planfeststellungsverfahrens angeregt, die Anwendung des in Karlsruhe praktizierten Modells eines Übergangs von Eisenbahn- auf Straßenbahnstrecken zu prüfen. So könnten die S-Bahn-Züge in der Innenstadt die vorhandenen Straßenbahngleise nutzen. Es zeigte sich allerdings in der genaueren Untersuchung der vorgeschlagenen Alternative, dass bei deren Umsetzung sowohl technische als auch betriebliche Probleme auftreten würden.

In einer durch die S-Bahn Tunnel Leipzig GmbH beauftragten Studie wurde versucht, einen Lösungsweg für das „Karlsruher Modell" in Leipzig („Regional-Stadtbahn") zu finden. Dabei wurde ein vergleichbares S-Bahn-Netz analog des Tunnelprojektes unterstellt.

Die Gutachter kamen zu dem Schluss, dass der Ausbau der Infrastruktur für das Regional-Stadtbahn-Netz einschließlich der 77 Millionen DM für den Fernverkehr circa 502 Millionen DM kosten würde. Diese relativ hohe Baukostensumme begründet sich zum einen aus technischen Unterschieden zwischen Eisenbahn- und Straßenbahnsystem (Spurweite, Lichtraum, Fahrstrom). Zum anderen müssen aus kapazitiven Gründen für die Regional-Stadtbahn mehrere Tunnel zur niveaufreien Kreuzung von Straßen des Promenadenrings gebaut werden. Hierbei ergeben sich Bauwerke – zum Beispiel Rampenbereiche in der Goethestraße und am Wilhelm-Leuschner-Platz –, die nur schwer in das Stadtbild eingepasst werden könnten.

Diese Investitionssumme ist den Baukosten für den City-Tunnel gegenüberzustellen: Die noch nicht betriebsfähige Infrastruktur dieser oberirdischen Alternativbetrachtung würde immerhin circa 50 Prozent der Infrastrukturkosten des City-Tunnels hervorrufen.

Erschwerend für die Regional-Stadtbahn kommt hinzu, dass mit Inbetriebnahme des Netzes ein komplett neuer Fuhrpark geschaffen werden muss. Es sind aufgrund des Überganges Eisenbahn/Straßenbahn Mehrsystem-Fahrzeuge erforderlich. Dadurch entsteht ein kurzfristiger Investitionsbedarf in die Fahrzeuge von circa 500 Millionen DM. Bei der Tunnellösung kommen jedoch Regelfahrzeuge der Bahn zum Einsatz, die erst nach deren Abschreibung sukzessive und über einen langen Zeitraum durch neue Fahrzeuge ersetzt werden.

Die Gutachter empfahlen daher nicht nur aus investiver Sicht, dem City-Tunnel gegenüber dem Regional-Stadtbahn-System den Vorrang zu geben. Der Ausbau des S-Bahn-Systems erreicht eine höhere Verkehrswirksamkeit und einen reibungsloseren Betriebsablauf. Das Schienennetz der Bahn ist unabhängig vom Straßenraum und wird zentral aus der Betriebszentrale gesteuert. Die Regional-Stadtbahn dagegen ist gegenüber Störungs-

Schnitt durch den Hauptbahnhof mit Tunnelstation

einflüssen aus dem Straßen- und Fußgängerverkehr äußerst anfällig. Die S-Bahn erweist sich aufgrund vorhandener Kapazitätsreserven als das zukunftsträchtigere Verkehrsmittel.

Betriebliche Untersuchungen – Bemessung der Verkehrsinfrastruktur

Bevor die technische Detailplanung für die Tunnelstrecke erfolgen konnte, waren die Prämissen und technischen Parameter des Bauvorhabens vorzugeben. Mit Beginn der Planungstätigkeit Anfang des Jahres 1997 stand lediglich fest, dass es sich hierbei um eine zweigleisige Tunnelstrecke handelt, die die beiden Kopfbahnhöfe – den Hauptbahnhof und den Bayerischen Bahnhof – miteinander verbinden sollte.

Daher waren in einem ersten Schritt unter anderem folgende betrieblich-technischen Fragestellungen zu klären:

- Wie erfolgt die optimale Gleisplangestaltung der Tunnelstrecke insbesondere in den Auftauchbereichen (Verknüpfungspunkte im Norden und Süden)?
- Welches Betriebsprogramm kann auf der zweigleisigen Tunnelstrecke maximal abgewickelt werden?
- Welches Linien- und Betriebskonzept des geplanten S-Bahn-Netzes ist realisierbar?
- Welche Freiheitsgrade bestehen für die zukünftige Fahrplangestaltung?
- Ist in der Station Leipzig Hauptbahnhof ein viergleisiger Ausbau erforderlich?

Mit den hierfür erforderlichen betrieblich-technischen Untersuchungen wurde die HaCon-Ingenieurgesellschaft beziehungsweise die im Jahre 1999 gegründete Tochtergesellschaft Rail Management Consults GmbH (RMCon) beauftragt.

Die Frage der theoretischen Leistungsfähigkeit auf der Tunnelstrecke konnte schnell beantwortet werden. Dennoch ist diese Kenngröße nur ein notwendiges, jedoch keineswegs ein hinreichendes Maß zur Kapazitätsbestimmung des Gesamtsystems. Außerdem hängt sie auch wesentlich von dem vorgesehenen Fahrzeugeinsatz ab. Aus diesem Grund musste man sich schon frühzeitig auf Haltezeitvorgaben einigen. Unter Beachtung der zukünftigen

Tunnelstation Hauptbahnhof

Mischnutzung der Züge und der Annahme der dichtesten Zugfolge wurde eine theoretische Leistungsfähigkeit der Tunnelstrecke von 17 Zügen je Richtung und Stunde ausgewiesen. Damit war klar, dass nicht der Tunnel kapazitätsbegrenzend wirkt, sondern die Gestaltung der Einbindung ins bestehende Netz.

Daher sollten niveaufreie Ein- und Ausfädelungen nördlich und südlich des Tunnels gewählt werden, um von Beginn an Leistungseinschränkungen für den Tunnel auszuschließen. Weiterhin wurde vereinbart, die Planung auf den Gesamtknoten Leipzig auszuweiten und insbesondere die „Auftauchbereiche" nördlich und südlich des Tunnels vertieft zu betrachten.

An Bedeutung gewann Ende 1999 die Diskussion über die Frage der in Zukunft einzusetzenden Fahrzeuge. Nachdem bereits in dem S-Bahn-Vertrag zum Projekt Leipzig-Halle Bahnsteighöhen mit behindertengerechten Zugängen von 55 Zentimeter vereinbart worden waren, lag es nahe, diesen Wert als Richtwert für neue Fahrzeuge festzulegen.

In diesem Zusammenhang wurde die Bahnsteiglänge im gesamten S-Bahn-Netz auf 140 Meter festgelegt. Um den Erfordernissen des Fernverkehrs gerecht zu werden, sollen die Bahnsteige unter dem Hauptbahnhof auf 215 Meter Länge ausgebaut werden – allerdings mit einer Option zur späteren Verlängerung auf 400 Meter. Diese technischen Parameter ermöglichen einen optimalen Fahrkomfort der S-Bahn und des Regionalverkehrs mit Halt in allen Tunnelstationen sowie den Betrieb des Fernverkehrs mit Halt in Leipzig Hauptbahnhof.

Auch die Frage der Anzahl der Bahnsteiggleise unter dem Hauptbahnhof konnte zufrieden stellend beantwortet werden. Die für den Fernverkehr erforderlichen Haltezeiten am Hauptbahnhof können garantiert werden, so dass für die Abwicklung des Betriebsprogramms am Hauptbahnhof zwei Bahnsteigkanten ausreichen.

Nachdem der Infrastrukturbedarf für die Tunnelstrecke selbst und für die zugehörigen Rampenbereiche ermittelt und festgelegt worden war, musste noch eine Engpassanaly-

Tunnelstation Bayerischer Bahnhof

se im gesamten Knotenbereich durchgeführt werden. Es war eine Forderung der Projektbeteiligten, dass alle erforderlichen Infrastrukturmaßnahmen im Zusammenhang mit dem neuen S-Bahn- und RE-Netz kostenmäßig erfasst und dem Tunnelprojekt zugeordnet werden.

Zwischen dem Tunnelprojekt und dem Ausbau der Sachsen-Magistrale innerhalb und südlich von Leipzig besteht ein enger Zusammenhang. Beide Projekte müssen zeitgleich beziehungsweise in enger baufachlicher Verzahnung ausgeführt werden. Eine wichtige Voraussetzung für die Führung des Fernverkehrs von Leipzig nach Süddeutschland ist der Ausbau dieser Strecke über Altenburg und Hof nach Nürnberg.

Nachweis der technischen Machbarkeit – Vorplanung

Mit Beginn der operativen Geschäftstätigkeit der SBTL wurde die Vorplanung beauftragt. Grundlage der Leistungsbeschreibung war die bereits vorliegende Machbarkeitsstudie mit einer sehr groben Kostenschätzung. Nach einem EU-weiten Ausschreibungsverfahren erhielt die Planungsgemeinschaft Schüßler-Plan/DE-Consult den Zuschlag.

Als Erstes war die grundsätzliche Trassenführung sowie die Anzahl und Lage der unterirdischen Stationen festzulegen. Aufgrund der Erkenntnisse aus der Verkehrsplanung sollten folgende Zugangsstellen geschaffen werden:

- Hauptbahnhof mit Umsteigemöglichkeiten zum Zugverkehr der Bahn und zur Straßenbahn sowie mit Erreichbarkeit des Dienstleistungszentrums,
- Markt mit fußläufiger Erreichbarkeit aller markanten Punkte der Innenstadt,
- Wilhelm-Leuschner-Platz mit Umsteigemöglichkeiten zur Straßenbahn,
- Bayerischer Bahnhof mit Umsteigemöglichkeiten zur Straßenbahn.

Bahnsteig Bayerischer Bahnhof

Eingang zur Tunnelstation Bayerischer Bahnhof

Neben diesen vier Tunnelstationen war ein weiterer Haltepunkt, Semmelweisstraße, südlich des Bayerischen Bahnhofs in Einschnittslage vorgesehen.

In Vorbereitung des Planfeststellungsverfahrens wurden Korridorbetrachtungen zur Fixierung der Tunneltrasse vorgenommen. Aufgrund der verkehrsplanerischen Vorgaben hat man schnell mögliche Alternativen verworfen und sich auf die jetzige Trassenführung festgelegt.

In einem zweiten Schritt wurden bautechnologische Fragen erörtert, so die Bauweise der Tunnelabschnitte und der Stationsbauwerke. Aufgrund der sehr dichten innerstädtischen Bebauung und der sehr schmalen Straßen innerhalb des Innenstadtringes kam für die Herstellung der Tunnelstrecke in diesem Bereich nur ein Schildvortrieb, eine oberflächenschonende Vortriebstechnik, in Betracht. Die Tiefenlage ergab sich durch die Gründungstiefe der aufliegenden Gebäude.

Obwohl man bei der Planung auf eine möglichst oberflächennahe Lage der Stationsbauwerke bedacht war, befinden sich die Stationen 17 bis 22 Meter unter der Geländeoberkante. Dennoch waren sich die Projektbeteiligten einig, großzügige und transparente Stationen zu schaffen, um von vornherein die Akzeptanz der Reisenden zu sichern. Dafür kam nur eine offene Bauweise infrage. Diese Bauweise ermöglicht zugleich günstige architektonische Gestaltungsmöglichkeiten, eine bessere Bebaubarkeit der Zugänge und Zwischenebenen sowie durch eine stützfreie Konstruktion der Tunneldecke wirtschaftlicheres Errichten der Stationen.

Bei der Planung der Station Markt war auch das sich unmittelbar unter dem Marktpflaster befindliche Untergrundmessehaus zu berücksichtigen. Nach der Prüfung mehrerer Nutzungskonzepte für dieses Bauwerk wurde entschieden, mit dem Bau der Station Markt das Untergrundmessehaus abzutragen und lediglich den historischen Eingang zu erhalten.

Im Interesse einer optimalen funktionalen und ästhetischen Gestaltung der unterirdischen Stationen und aufgrund der Erfahrungen vergleichbarer Projekte entschied man sich, bereits in dieser frühen Planungsphase einen städtebaulichen Ideenwettbewerb unter Architekten auszuschreiben. Die Federführung übernahm die Stadt Leipzig, da mit der Gestaltung der Stationen insbesondere die kommunale Planungshoheit der Stadt betroffen war. Ende Oktober 1997 traf das Preisgericht im Rahmen dieses Wettbewerbes seine Entscheidungen.

Den Architektenwettbewerb zur Gestaltung der Station Bayerischer Bahnhof hat das Büro Prof. Peter Kulka (Dresden) gewonnen. Der Entwurf ist durch großräumige Treppenschächte mit farbig gestalteten Stahlstreben gekennzeichnet. Die Hallenwände sind auf einer Stationsseite farbig gestaltet und auf der anderen mit Paneelen verkleidet.

Als Sieger des Wettbewerbes zur Station Wilhelm-Leuschner-Platz wurde das Büro

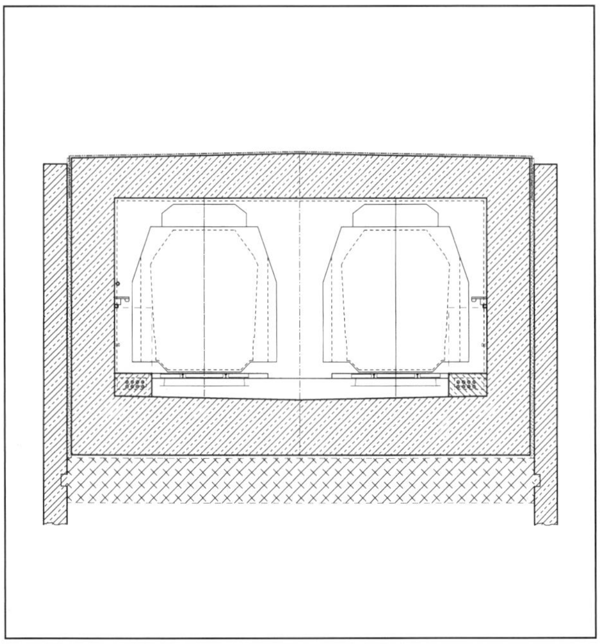

Querschnitt im Bereich der Stationen und Auftauchbereiche bei offener Bauweise des Tunnels (Baugrube)

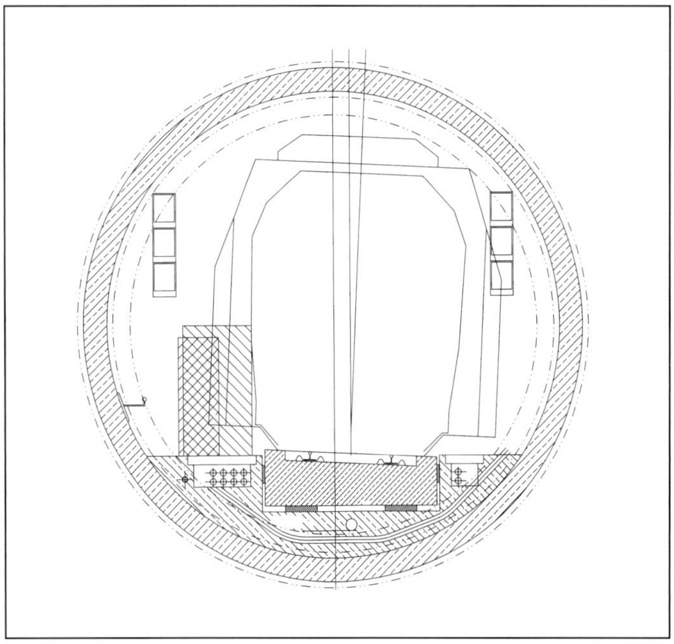

Querschnitt im Bereich der Tunnelstrecke bei geschlossener Bauweise (Schildvortrieb)

Max Dudler (Berlin) ermittelt. Markantes Kennzeichen sind großflächige, hinterleuchtete Glaselemente. Die Zugänge befinden sich jeweils an den Stationsköpfen. Am Nordkopf wird die Treppenanlage symmetrisch zum Südkopf angeordnet. Durch die Verteilerebene wird nicht nur die Petersstraße, sondern auch die Straßenbahnhaltestelle am Martin-Luther-Ring erschlossen.

Die zentrale Station in der Innenstadt ist die Station Markt. Hier hat den Wettbewerb das Büro Kellner, Schleich, Wunderling (Hannover) gewonnen. Der Stationskörper wird durch Stahlrohrstützen gegliedert. Die Stahlrohrstützen haben nur im Bereich der Balkone und der Treppenanlagen tragende Funktion. Der Zugang im Süden erfolgt über das heute vorhandene, denkmalgeschützte Eingangsbauwerk zum Untergrundmessehaus, die Eingangsebene und einen Balkon in die Station. Am Nordeingang wird die Treppenanlage parallel zur Platzbegrenzung an der Oberfläche angeordnet.

Es bestand Einvernehmen, bei der Projektrealisierung diesen Empfehlungen zu folgen und die Architekten mit weiterführenden Planungen zu beauftragen. (Nähere Erläuterungen zum städtebaulichen Wettbewerb für die Tunnel-Stationen sind in der Dokumentation der Wettbewerbe für die S-Bahn-Stationen zu finden.) [57]

Für die Tunnelstation Hauptbahnhof war ohnehin die bereits im Auftrage der Bahn tätige Architektengruppe HPP Hentrich-Petschnigg & Partner (Düsseldorf) damit beschäftigt, die notwendigen Planungen für das Projekt fortzuführen. Die unterirdische Station beginnt unter der Außenseite des Promenadenrings, unterquert den Ring, die Westhalle des Hauptbahnhofs und öffnet sich in einem Atrium im Bereich der Quer- und der Längsbahnsteige. Die Zugänge zum Haltepunkt liegen auf der Südseite und auf der Nordseite des Hauptbahnhofs im Bereich der Bahnsteige. Über die Zwischenebene des südlichen Eingangs sind weiterhin die Straßenbahnhaltestellen am Hauptbahnhof und die Westhalle des Bahnhofsgebäudes angeschlossen. Die Kreuzung der einzelnen Zugänge zur Zwischenebene wird zu einem ovalen Platz aufgeweitet. Die gerade Führung der Zugänge und die ovale Aufweitung des Kreuzungsbereiches ermöglichen eine gute Einsicht in das Zugangsbauwerk.

Die außerhalb des Tunnels liegenden Haltepunkte Theresien- und Semmelweisstraße werden gemäß dem Standard für S-Bahn-Haltepunkte ausgestattet.

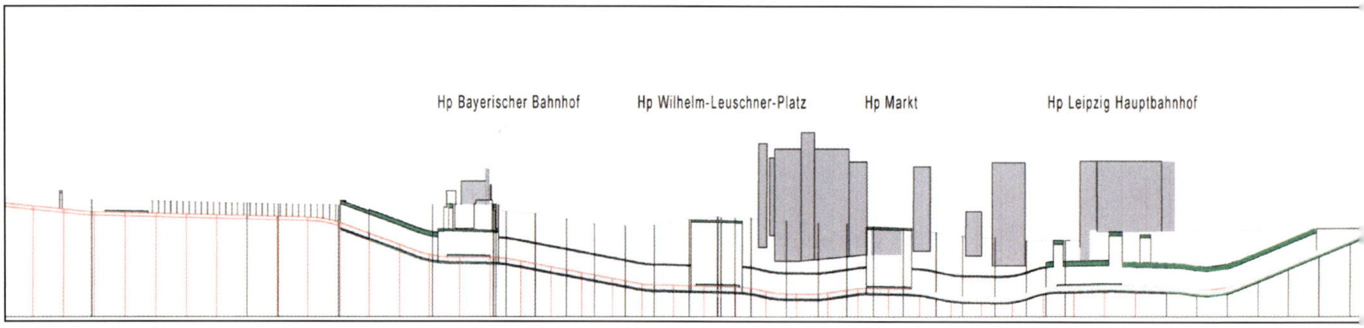

Der Tunnellängsschnitt

Baugrunduntersuchungen

Bereits in der Vorplanungsphase gab die S-Bahn Tunnel Leipzig GmbH intensive Baugrunderkundungen in Auftrag. Für alle geologischen und geotechnischen Fragen wurde eine Arbeitsgemeinschaft aus den beiden Büros Jessberger & Partner (Leipzig) sowie Dr. Spang gebildet. Insbesondere Jessberger & Partner war und ist in Leipzig bei anderen Großbauvorhaben tätig und kann auf eine hohe regionale Kompetenz verweisen.

Eine besondere Schwierigkeit bereitet das Grundwasserverhalten im Leipziger Baugrund: Aufgrund der Einstellung der Braunkohleförderung nach der Wende und der Flutung zahlreicher Tagebaurestlöcher stieg der Grundwasserpegel in den letzten Jahren kontinuierlich an. Im Interesse der Kostensicherheit und der Genehmigungsfähigkeit des Tunnels war es wichtig, ein fundiertes und belastbares Grundwasserkommunikationsmodell zu erstellen und darauf die technische Planung auszurichten.

Gleichzeitig wurden entlang der Tunneltrasse Bohrungen zur Erkundung des Baugrundes vorgenommen. Darüber hinaus erfolgten umfangreiche Schall- und Erschütterungsstudien, Untersuchungen zur Baustellenlogistik und Brandschutzstudien. Mögliche Auswirkungen auf das Stadt- und Landschaftsbild, auf Fauna und Flora, auf Boden, Wasser, Klima und Luft analysierte eine Umweltverträglichkeitsstudie.

Auf der Basis dieser sehr detaillierten Vorplanung wurden die entsprechenden Unterlagen für das kommende Planfeststellungsverfahren erstellt.

Die Vorteile des neuen Verkehrssystems

Mit dem Bau des City-Tunnels – der „Magistrale ins 21. Jahrhundert“ – zwischen dem Hauptbahnhof und dem Bayerischen Bahnhof können die Nachteile des bestehenden Bahnsystems beseitigt werden und vor allem günstige Verbindungen aus der Region Leipzig/Halle zu wichtigen Zielen im Umland von Leipzig und im Oberzentrum Leipzig geschaffen werden.

Bei der Bewertung des Tunnelprojektes standen in erster Linie verkehrliche Vorteile im Vordergrund. Die heute uneffektiv fahrende, weil überwiegend tangentiale Verkehrsbeziehungen bedienende S-Bahn wird in ein hauptsächlich radiale Verkehrsströme aufnehmendes S-Bahn-Netz umgestellt. Die neue S-Bahn-Strecke Halle-Leipzig kann bis in den Leipziger Südraum durchgebunden und somit sinnvoll erweitert werden.

Die im Bau befindliche S-Bahn Halle-Leipzig wird nicht mehr am Leipziger Hauptbahnhof enden: Vielmehr können von Halle das Leipziger Stadtzentrum und die südlich davon gelegenen Stadtteile bis hin nach Markkleeberg auf direktem Weg erreicht werden. Die Effektivität dieser Linien wird damit wesentlich erhöht.

Der Flughafen Leipzig-Halle kann über zusätzliche RegionalExpress-Linien direkt mit dem Stadtzentrum und dem Medienzentrum (in etwa 18 Minuten) verbunden werden. Die Neue Messe wird sowohl über die RegionalExpress-Linien in Richtung Flughafen als auch über die S-Bahn in Richtung Delitzsch angebunden. Sie erhält damit – neben dem bereits geschaffenen Stadtbahnanschluss – eine schnelle Verbindung zum Leipziger Stadtzentrum sowie in die südlich davon gelegenen Gebiete. Durch die schnelle und direkte Erreichbarkeit des neuen Messegeländes aus dem Stadtzentrum kann die City besser in das Messekonzept integriert werden.

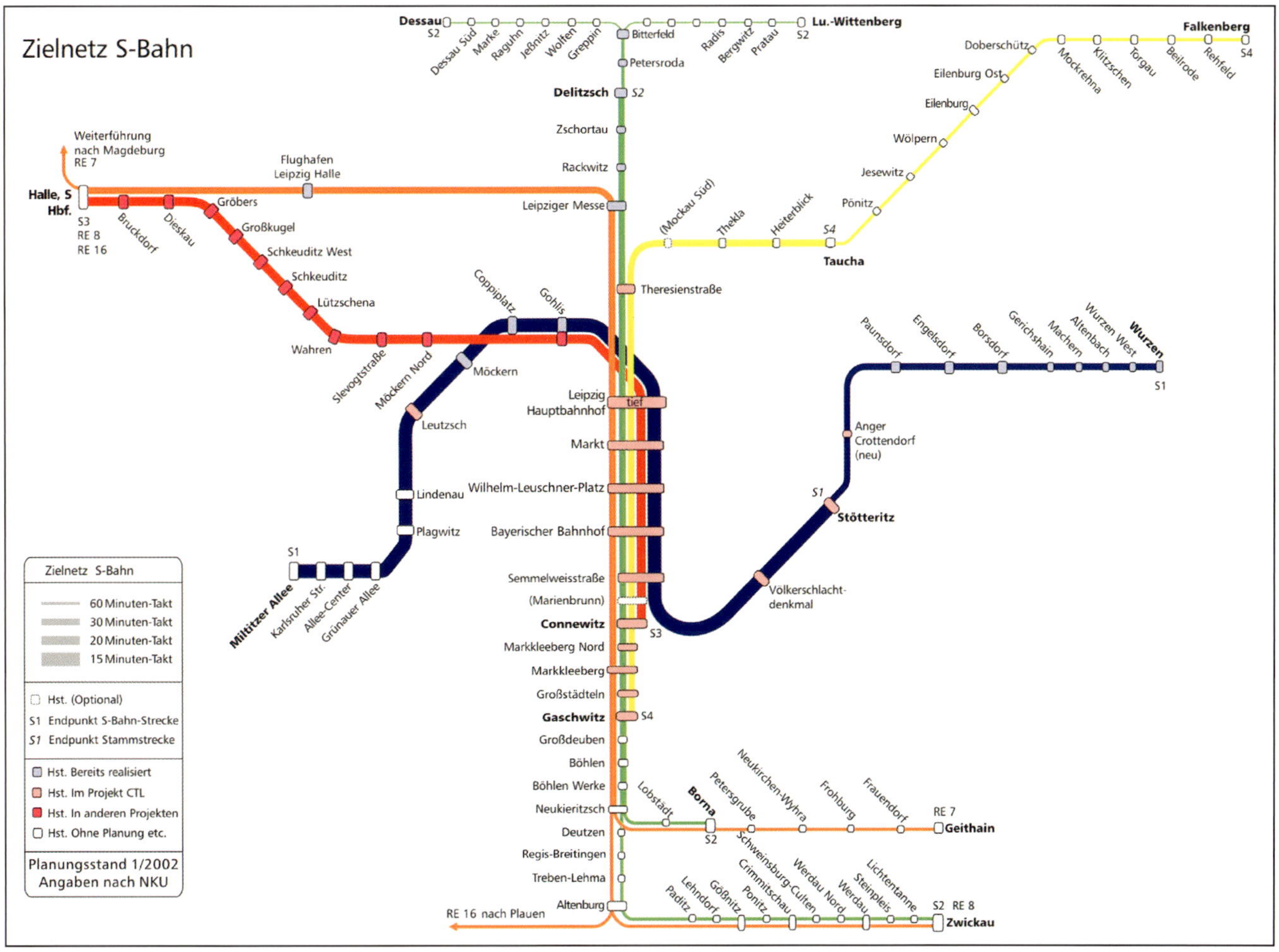

Zielnetz der S-Bahn nach Inbetriebnahme des City-Tunnels

Auch die raumplanerischen Vorteile für die Stadt Leipzig sind nicht von der Hand zu weisen: Mit der Führung des schienengebundenen Nahverkehrs direkt unter dem Stadtzentrum und insbesondere mit dem Haltepunkt Markt erhält die Leipziger City positive Impulse für weitere Urbanität. Positive Auswirkungen auf den Handel und die Gastronomie sowie Investitionsanreize in der Innenstadt sind zu erwarten. Über die Stationen Markt und Wilhelm-Leuschner-Platz können alle Bereiche des Stadtzentrums auf kurzen Fußwegen erreicht werden.

Damit kann die Konzeption einer autoarmen Innenstadt mit aller Konsequenz umgesetzt werden. Das Leipziger Stadtzentrum als wichtiges Kultur- und Einkaufszentrum wird gegenüber den Einrichtungen vor den Toren der Stadt erheblich gestärkt.

Mit dem City-Tunnel wird der Fortbestand der Leipziger S-Bahn langfristig gesichert. Das Bahnnetz kann insgesamt effektiver gestaltet werden. Nicht mehr benötigte Flächen können aufgegeben und einer anderen Nutzung zugeführt werden. Mit der Verknüpfung der S-Bahn mit Stadtbahn/Straßenbahn/Bus sind allgemeine Netzvorteile verbunden: So können auch andere Strecken im ÖPNV besser ausgelastet werden. Andererseits werden jetzt schon schwache ÖPNV-Strecken rationalisiert und betriebswirtschaftlich optimiert.

Es wird im Bereich des Individualverkehrs täglich eine Verkehrsleistung von rund 400 000 Personenkilometern vermieden. Die Umsteigezeit zwischen Straßenbahn und S-Bahn am Hauptbahnhof verringert sich von fünf auf zwei Minuten. Die größten Reisezeitgewinne entstehen im Bereich der neuen Trassen und Haltepunkte, einerseits durch verkürzte Fahrzeiten, andererseits auch durch Taktverdichtungen, Verkürzung von Umsteigezeiten und allgemeine Netzverdichtung.

Viele RegionalExpress-Linien (RE) können durch den entstehenden Lückenschluss im Eisenbahnnetz durchgebunden werden.
Durch die Führung der RE-Linien Riesa-Leipzig (Messe)-Flughafen-Halle und Zwickau-Altenburg-Leipzig (Messe)-Dessau-Magdeburg durch den Tunnel werden Reisezeitvorteile erzielt und die direkte Zentrumsanbindung Leipzigs an die Region verbessert.

Tunnelstation Wilhelm-Leuschner-Platz – Gestaltung nach Entwürfen von Max Dudler

Durch die sinnvolle Nutzung des City-Tunnels für den Fernverkehr konnte die Wirtschaftlichkeit des Projektes erhöht werden. Als verkehrlich sinnvoll hat sich ergeben, in Nord-Süd-Richtung verkehrende Fernverkehrsverbindungen zusammengefasst durch den Tunnel zu leiten. Von Süden her sind das über die Sachsen-Magistrale Verbindungen aus dem Raum Hof/Regensburg/München und aus dem Raum Zwickau. Damit können insbesondere zusätzliche Fahrgäste aus Zwickau und Altenburg gewonnen werden.

Auswirkungen auf den Arbeitsmarkt

Im Rahmen einer Studie wurden von der Hochschule für Technik, Wirtschaft und Kultur Leipzig (HTWK) die Auswirkungen des Projektes auf die Beschäftigungsstruktur in der Stadt und der Region Leipzig, insbesondere während der Bauausführung, untersucht.

Für die Ermittlung kamen verschiedene Verfahren zur Anwendung, um ein möglichst realistisches Bild zu erhalten. Ausgehend von der Kostenfunktion wurden Arbeitskräfte für bestimmte Zeiträume und Tätigkeitsfelder ermittelt und anhand bereits vorliegender allgemeiner Untersuchungen zu Arbeitskräften im Bausektor verifiziert.

Im Ergebnis konnte festgestellt werden, dass während der Bauphase durchschnittlich 700 Arbeitskräfte – je nach Stand der Bauausführung – an der Realisierung des Tunnels beteiligt sein werden. Durch die Ausführung des City-Tunnels und die damit verbundenen Bautätigkeiten vor Ort entstehen neben primären Arbeitsplätzen noch einmal etwa doppelt so viele sekundäre, das heißt solche, die nicht direkt auf der Baustelle zum Einsatz kommen. Davon entfallen eine große Anzahl auf die Zulieferindustrie, hauptsächlich in der Region.

Auswirkungen auf die Leipziger Verkehrsbetriebe

Die Planungen für den Ausbau des Eisenbahnnetzes mit dem Kernstück des City-Tunnels zielen in erster Linie auf Verbesserungen des Schienenpersonennahverkehrs und zeitgünstigere Verbindungen aus der Region in das Oberzentrum Leipzig. Im Weiteren ergeben sich auch Auswirkungen auf das Netz von Straßenbahn und Bus in der Stadt Leipzig und deren mittelbarer Umgebung.

Für einen großen Teil der Fahrgäste im neuen Nahverkehrssystem ergeben sich durch das Umsteigen vom PKW auf den ÖPNV Vorteile: Da aus der Region nicht alle Ziele auf direktem Weg erreicht werden können, ist das problemlose Umsteigen auf Straßenbahn oder Bus ein wichtiger Faktor zur Benutzung von S-Bahn oder Regionalbahn. Einzelne Strecken liegen im Stadtgebiet so günstig, dass Fahrgäste von Straßenbahn und Bus auf die Bahn übergehen werden.

Um die Auswirkungen des neuen Schienenpersonennahverkehrs auf Straßenbahn und Bus abschätzen zu können, wurde dafür eine gesonderte Untersuchung vorgenommen, in der auch einzelne Umsteigepunkte betrachtet wurden. Dabei wurde zunächst das vorhandene Netz von Straßenbahn und Bus berücksichtigt, aber auch neu geplante und verbesserte Umsteigepunkte sowie die Überlegungen einer partiell veränderten Linienführung.

Das Ergebnis der Untersuchungen lässt sich folgendermaßen zusammenfassen:

- An den Umsteigepunkten in der Stadt werden Fahrgäste, die bisher ausschließlich Straßenbahn und Bus benutzt haben, auf S-Bahn und Regionalbahn übergehen. Die sich daraus ergebende verringerte Nutzung von Straßenbahn und Bus wird jedoch ausgeglichen durch Bahn-Benutzer, die auf Straßenbahn oder Bus umsteigen. Die Berechnungen weisen einen nahezu ausgeglichenen Saldo aus.
- Besonders auf dem Südabschnitt Stadtzentrum-Connewitz-Markkleeberg wird es eine stärkere Verlagerung von der Straßenbahn

Die künftige Station Markt

auf den SPNV geben. Hier bietet sich die bereits diskutierte Umstellung des Straßenbahnbetriebes auf den Bus an.

- Für andere Strecken ist diese Tendenz der Abnahme oder auch der Zunahme für Straßenbahn und Bus nicht so eindeutig.
- Mit dem Aufbau des neuen SPNV-Systems ergeben sich zusätzliche Potenziale, um die bereits von den Leipziger Verkehrsbetrieben GmbH (LVB) eingeleiteten Maßnahmen zur rationelleren Gestaltung des Stadtbahn-, Straßenbahn- und Busnetzes begleitend zu ergänzen.

Vorsorgemaßnahmen und Planfeststellung

Zur Sicherung einer Realisierbarkeit des Tunnelbauvorhabens und der Begrenzung der Baukosten wurde ab Mitte der 90er-Jahre bei allen innerstädtischen Investitionen deren technologische Abstimmung zum Projekt City-Tunnel abgefordert.

Bereits im Planungs- und Bauprozess zur Umgestaltung des Empfangsgebäudes des Leipziger Hauptbahnhofs zum Dienstleistungszentrum in den Jahren 1994 bis 1997 wurde die Option für den späteren Tunnelbau eingebracht. Hier ging es darum, statische Vorkehrungen für die zukünftige Tunnelstation unterhalb der Bahnsteige 3 und 4 zu treffen.

Ein weiteres wichtiges Investitionsvorhaben in der Innenstadt, der Neubau des Museums der Bildenden Künste auf dem Sachsenplatz, wird durch den City-Tunnel diagonal unterquert. Zur Vermeidung von Setzungen am Gebäude ist ein Compensations-Grouting-Verfahren vorgesehen. Die hierfür erforderlichen Messsysteme wurden bereits in die Bodenplatte des Gebäudes eingesetzt. Ähnliches gilt für die Juridicum-Passage im Leipziger Stadtzentrum. In dem 2001 fertig gestellten Gebäude sind die notwendigen Öffnungen zum Einbohren der Ventilrohre für das Compensations-Grouting-Verfahren bereits mit den Rohbauarbeiten geschaffen worden.

Compensations-Grouting-Verfahren: Bauverfahren des Spezialtiefbaus, bei dem unter hohem Druck Spezialbeton gleichmäßig in den Boden eingebracht wird. Mit diesem Verfahren lässt sich die Bodenfestigkeit steuerbar verbessern. Derart wird einer Setzung des Gebäudes während des Tunnelvortriebes entgegengewirkt.

Im Zuge des Planungsverlaufes zeichnete sich Anfang April 1998 ab, dass die Unterlagen für das erforderliche Planfeststellungsverfahren Ende August des gleichen Jahres vorliegen

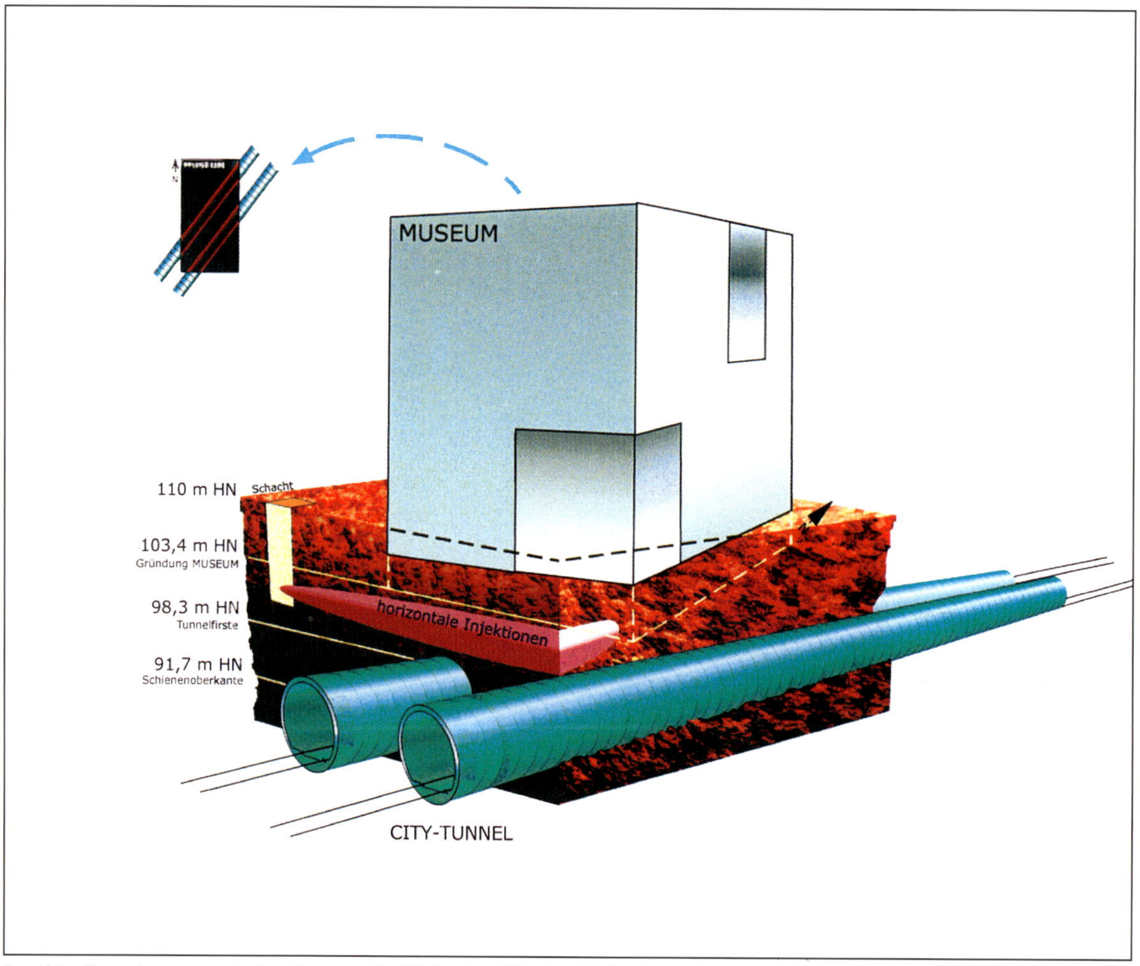

Der City-Tunnel unterquert das Museum der Bildenden Künste: Mit horizontalen Injektionen werden die Einflüsse der Bauwerke aufeinander kompensiert. Durch ein Messsystem, das durchgehend alle Auswirkungen erfassen kann, werden die Ausgleichsmaßnahmen gesteuert. Gleichzeitig sind die Tunnelröhren im Bereich des Bildermuseums verstärkt.

werden und damit – nach einem entsprechenden Auftrag des Aufsichtsrates – das Planfeststellungsverfahren eingeleitet werden könnte. Im Frühjahr 1999 konnte nach Beendigung der Offenlegung der Planung im Rahmen des Planfeststellungsverfahrens festgestellt werden, dass nur eine geringe und überschaubare Zahl von Einwendungen und Einsprüchen eingegangen war und damit keine verfahrensbedingten Verzögerungen zu erwarten sind.

Im Frühjahr des Jahres 2000 erging der Planfeststellungsbeschluss und wurde fristgerecht ohne erneute Einwände rechtskräftig.

Die Finanzierung des City-Tunnels

Einen wesentlichen Aspekt der Projektvorbereitung stellte neben der bautechnischen Planung – Planfeststellung, Entwurfsplanung und Ausschreibungen – die Kostenplanung dar. Die erste Kostenübersicht – 915 Millionen DM – verwendete die Gesellschaft als Grundlage für die anstehenden Finanzierungsüberlegungen und Verhandlungen.

Die ersten Finanzierungsüberlegungen wurden zweigleisig geführt:

- Vollständige Finanzierung mit öffentlichen Mitteln aus den Haushalten der Europäischen Union, des Bundes, des Freistaates Sachsen, der Bahn und der Stadt Leipzig
- Teilfinanzierung mit privaten Mitteln im Rahmen einer „Public Privat Partnership“ als Ergänzung der öffentlichen Finanzierung: Bereits frühzeitig bestanden hier erhebliche Bedenken, da eine private Teilfinanzierung zwangsläufig zusätzliche Zins- und Rückzahlungskosten erzeugt, die das Projekt wesentlich verteuern können.

Bei allen Finanzierungsgesprächen wurde von zehn Jahren „Abruf-Zeitraum“ beziehungsweise Bau- und Abrechnungszeit ausgegangen, während dessen der Betrag zur Verfügung stehen müsse.

Im ersten Halbjahr 1999 ergab sich eine wesentliche Verbesserung der Ausgangssituation zur Finanzierung des Tunnels. Der Bund legte ein EU-finanziertes Programm zum Ausbau der Verkehrsinfrastruktur in den neuen Bundesländern auf. Es gelang dem sächsischen Wirt-

Mit dem City-Tunnel wird das Umsteigen auf Bus und Bahn erleichtert

schaftsministerium, aus diesem Programm einen Betrag in Höhe von 240 Millionen DM für das Projekt des Leipziger City-Tunnels zu sichern.

Es zeichneten sich nunmehr folgende Finanzierungsquellen ab:

- EU-Mittel (EFRE-Bundesprogramm und gegebenenfalls Mittel aus dem TEN-Programm)
- Eigenmittel der DB AG
- Bundesmittel für den Eisenbahnverkehr
  – Mittel gemäß Bundesschienenwegeausbaugesetz (BSchwAG) § 8 (1) – Sachsen-Magistrale und Knoten Leipzig
  – Mittel gemäß Bundesschienenwegeausbaugesetz § 8 (2)
- GVFG-Bundesprogramm
- Landes- und Kommunalmittel

Die Kosten des City-Tunnels wurden damals bewusst in zwei Teile getrennt, die allerdings gemeinsam zu finanzieren wären: Dies ist zum einen die Tunnelstrecke selbst mit den erforderlichen Rampenbauwerken, zum anderen handelt es sich um die netzergänzenden Maßnahmen.

Die Finanzierungsgespräche mit dem Bund, die im Januar 2000 begannen, führten zu dem einvernehmlichen Ergebnis, den Betrag über 915 Millionen DM aus den bereits genannten Quellen zu finanzieren. Der Entwurf einer Rahmenfinanzierungsvereinbarung (RFV) wurde erarbeitet und bis zur Ratifizierung durch die Verhandlungsbeteiligten vorbereitet. Die Unterzeichnung und danach die Bereitstellung der erforderlichen Mittel durch alle Beteiligten zeichnete sich noch für das Jahr 2000 ab.

Ungeachtet der noch nicht abgeschlossenen Finanzierungsverhandlungen befasste sich der Stadtrat Leipzigs mit dem Projekt und stimmte dem – einschließlich des zu leistenden kommunalen Finanzbeitrages – zu.

Das Leipziger Messegelände aus der Vogelperspektive

Abschluss der Entwurfsplanung und Bewertung der Projektrisiken

Aufgrund allgemeiner Kostensteigerungen bat die Bahn AG um eine nochmalige Kostenüberprüfung. Auf der Basis der Planungsunterlagen wurden nunmehr die Kosten des Projekts erneut – unter Einschaltung neuer Gutachter – ermittelt. Im Laufe des Jahres 2001 wurde die vorliegende Entwurfsplanung erheblich qualifiziert, um möglichst viele Planungsrisiken zu minimieren und eine gesichertere Kostenbasis zu erhalten. Der Prüfungsprozess ergab schließlich, dass die erste Kostenveranschlagung von 915 Millionen DM auf Bauverfahren beruhte, die zu hohe Risiken für den Bauherren aufwiesen. Daher hat man sich zum einen verständigt, konservativere Bautechnologien in der Planung vorzusehen, die wiederum zu höheren Kosten führen. Zum anderen wurden die bisher unterstellten Einheitspreise kritisch hinterfragt und punktuell erhöht.

Gleichzeitig hatten sich jedoch die Aufwendungen für den Brandschutz deutlich erhöht, nicht zuletzt in Auswertung der Brandkatastrophen der letzten Jahre in einigen Straßentunnel. Schließlich wurde eine Rahmenvereinbarung zur Finanzierung des Tunnels und der netzergänzenden Maßnahmen in Höhe von 1 118 Millionen DM beziehungsweise 571,62 Millionen EUR aufgestellt.

Unterschiedliche Beurteilungen der Kosten einzelner Projektteile wurden in Risiken und Chancen zusammengefasst und ebenso wie die vereinbarten Gesamtkosten zur Grundlage der Verhandlungen zwischen dem Bundesministerium für Verkehr, Bau- und Wohnungswesen, dem Freistaat Sachsen, der Stadt Leipzig und der Deutschen Bahn AG über die Finanzierung gemacht. Es zeichnete sich ab, dass im Ergebnis einer vertieften Einschätzung der Projektrisiken Chancen und Risiken der Kostenentwicklung steuerbar sind und während der Bauzeit ausgeglichen werden können.

So gelang es im Januar 2002, die Rahmenfinanzierungsvereinbarung unterschriftsreif zwischen Bund, Bahn, Stadt Leipzig und Freistaat Sachsen zu verhandeln. Im März 2002 konnte dann die Finanzierungsvereinbarung – nach einem Beschluss der sächsischen Staatsregierung zum Finanzierungsbeitrag –

von den vier Vertragspartnern unterzeichnet werden.

Im Rahmen der Fortschreibung und Fertigstellung der Entwurfsplanung wurde zudem der Anlagenumfang punktuell reduziert. So soll auf eine vollständige Abdeckelung der Tunneltrasse südlich des Bayerischen Bahnhofs bis zum Haltepunkt Semmelweisstraße verzichtet werden. Nachdem vertiefte Baugrunduntersuchungen die Möglichkeit einer Höherlegung des Stationsbauwerkes Bayerischer Bahnhof und damit der gesamten Trasse in diesem Bereich eröffneten, können erhebliche Einsparungen vorgenommen und die Projektrisiken signifikant reduziert werden.

Die Realisierung des Projektes – Ein Ausblick

Die S-Bahn Tunnel Leipzig GmbH (SBTL) wurde eigens für die Projektentwicklung und Planung konzipiert. Daher hatte man die Dauer der Geschäftstätigkeit vorerst bis Ende 2000 begrenzt. Bei Aussicht auf Realisierung sollte dieses Projekt in die Strukturen der Bahn überführt werden. Der Aufsichtsrat der SBTL beauftragte die Geschäftsführung, gemeinsam mit der Deutschen Bahn AG als Vorhabensträger geeignete Organisationsformen für die Baudurchführung zu entwickeln.

Hierbei zeichneten sich zwei Möglichkeiten ab:

- Realisierung durch die DB Projekt Verkehrsbau GmbH, einer 100-prozentigen Tochter der DB Netz AG (heute DB ProjektBau GmbH) oder
- Realisierung durch eine eigens für das Projekt zu gründende Gesellschaft (Umwandlung der SBTL).

Bei den Verhandlungen zur Rahmenfinanzierungsvereinbarung wurde deutlich, dass die Bahn trotz der in Ansatz gebrachten Kostenerhöhung weiterhin finanzielle Risiken bei der Bauausführung sah. Für die bei keinem Bauwerk ganz auszuschließenden Risiken sollte der Freistaat Sachsen eintreten und damit eine überdurchschnittliche Verantwortung tragen.

Das Thema der Übernahme des Risikos wurde in einer Kabinettssitzung der Sächsischen Staatsregierung im März 2003 ausführlich behandelt und im Ergebnis bestätigt. Allerdings wurde damit die Forderung verknüpft, zur Minimierung und Kontrolle des Baukostenerhöhungsrisikos selbst unmittelbaren Einfluss auf die Projektdurchführung nehmen zu wollen.

In den folgenden Wochen ist es dem Engagement der jeweiligen Verhandlungsbeauftragten, dem Konzernbeauftragten Hans-Jürgen Lücking für die DB AG und dem Ministerialdirigenten Dr. Bernd Rohde für das Sächsische Staatsministerium für Wirtschaft und Arbeit (SMWA), zu verdanken, dass eine tragfähige Lösung gefunden wurde. Demnach hat sich der Freistaat Sachsen bereit erklärt, für den Tunnelrohbau und den Stationsrohbau sowie -ausbau die Teilbauherrenschaft zu übernehmen und diesen Projektbestandteil eigenständig zu realisieren. Dabei will er sich der „Deutschen Einheit Fernstraßenplanungs- und -bau GmbH (DEGES)“ bedienen. Die Bahn übernimmt den bahnspezifischen Tunnelausbau, die Anbindung an das bestehende Netz sowie die Realisierung der netzergänzenden Maßnahmen. Darüber hinaus werden die Bahninfrastrukturunternehmen DB Netz AG, DB Station&Service AG sowie DB Energie GmbH als Empfänger der Finanzmittel und als zukünftige Anlagenbetreiber die Gesamtmaßnahme koordinieren.

Da es sich hier um ein Verfahren handelt, dass so in der Bundesrepublik noch nicht praktiziert wurde, waren umfangreiche Prüfungen notwendig. Am 23. Mai 2003 konnte schließlich der Projektvertrag durch den sächsischen Staatsminister Dr. Martin Gillo, Bahnchef Hartmut Mehdorn und Oberbürgermeister Wolfgang Tiefensee unterschrieben werden.

Finanzierung des City-Tunnels Leipzig	
Mittel der Europäischen Union (EFRE-Strukturfördermittel) zwischen 2001 und 2006	168,73 Millionen EUR
Eigenmittel der Deutschen Bahn AG (DB Netz AG und DB Station&Service AG)	16,36 Millionen EUR
Bundesmittel für den Eisenbahn-Fernverkehr gemäß § 8 (1) BSchwAG und Bundesmittel für den SPNV gemäß § 8 (2) BSchwAG	114,54 Millionen EUR
Bundesmittel nach dem Gemeindeverkehrsfinanzierungsgesetz	77,20 Millionen EUR
Mittel des Freistaates Sachsen und der Stadt Leipzig	194,80 Millionen EUR
Gesamtfinanzierung beziehungsweise Gesamtkosten	571,62 Millionen EUR

„Weg frei" für den City-Tunnel Leipzig – Die Vertragsunterzeichnung am 23. Mai 2003 im Leipziger Hauptbahnhof: Bahnchef Hartmut Mehdorn, Sachsens Wirtschaftsminister Martin Gillo, Staatssekretärin im Bundesverkehrsministerium Iris Gleicke und Leipzigs Oberbürgermeister Wolfgang Tiefensee (von rechts)

Parallel hierzu wurde zwischen dem Freistaat Sachsen und der Stadt Leipzig ein Vertrag unterzeichnet, der die Aufgabenteilung zwischen Land und Stadt regelt.

Mit Unterzeichnung der Verträge waren die letzten Hürden genommen; die Bautätigkeit konnte beginnen. Feierlicher Start war am 9. Juli 2003 mit dem ersten Rammschlag für die Abtäufung eines Schachtes am neuen Museum für Bildende Künste. Bundesverkehrsminister Manfred Stolpe, Sachsens Ministerpräsident Georg Milbradt, Oberbürgermeister Wolfgang Tiefensee und Vorstandsmitglied der DB AG Klaus Daubertshäuser würdigten in ihren Ansprachen die Bedeutung des Projektes für die Region Leipzig und den gesamten mitteldeutschen Raum.

Die beiden Schächte am neuen Museum für Bildende Künste gehören mit zu den bauvorbereitenden Maßnahmen, die in den Jahren 2003 und 2004 die Bautätigkeit bestimmen werden. Weitere bauvorbereitende Maßnahmen werden sich auf Leitungsverlegungen – insbesondere der Stadt- und Wasserwerke sowie der Telekom – am Markt und die Baufeldfreimachung auf dem Gelände des Bayerischen Bahnhofs konzentrieren.

Parallel dazu läuft die Ausführungsplanung und die Ausschreibung der Tunnelbohrleistungen.

Diese sollen nach heutigem Stand Anfang 2005 beginnen. Es ist damit zu rechnen, dass dann eine sehr intensive Bautätigkeit einsetzt, da neben dem Vortrieb der Tunnelröhren im Schildvortrieb gleichzeitig an allen vier unterirdischen Stationen gebaut werden soll. Um das städtische Leben so wenig wie möglich zu beeinflussen, sollen Baumethoden zum Einsatz kommen, die dieses weitestmöglich gewährleisten. Beispielsweise soll mit einer „Deckelbauweise" an der Station Markt erreicht werden, dass eine große Öffnung nur zwischen Januar und November eines Jahres existiert. Eine weitere Zielsetzung für die Baudurchführung ist, dass die Spiele der Fußballweltmeisterschaft 2006 und die damit verbundenen innerstädtischen Aktivitäten reibungslos ablaufen können.

Die wesentlichen Bauleistungen sollen 2008 abgeschlossen sein, so dass 2009 der Betrieb aufgenommen werden kann. Dies wird einer organisatorischen Meisterleistung bedürfen, da mit Fertigstellung des Tunnels das gesamte Netz des Schienenpersonennahverkehrs grundsätzlich geändert wird. Bis dahin werden aber die Bauleute das Geschehen bestimmen, die das Jahrhundertprojekt zu bewältigen haben.

Symbolischer Baubeginn für den City-Tunnel am 9. Juli 2003 in der Leipziger Innenstadt: Bundesverkehrsminister Manfred Stolpe, DB Marketingvorstand Klaus Daubertshäuser, Sachsens Ministerpräsident Georg Milbradt und Leipzigs Oberbürgermeister Wolfgang Tiefensee (von links) beim symbolischen Knopfdruck.

Ein Blick zurück ...

Jetzt ist auch die Kür vollbracht – die Chronik zum City-Tunnel Leipzig liegt vor. Wir Autoren waren zum Teil über viele Jahrzehnte mit der Planung des Projektes verbunden – am intensivsten sicherlich durch die Arbeit in der Planungsgesellschaft S-Bahn Tunnel Leipzig GmbH, die die Grundlagen für den jetzigen Bau legte.

Diese Gesellschaft hat ihre Funktion erfüllt und ist im November 2003 aufgelöst worden. Jetzt im Herbst 2003 sind die ehemaligen Büroräume in der Leipziger Innenstadt geräumt. Einige von uns haben in diesem Jahr das aktive Berufsleben beendet.

Rückblickend bleibt uns, Dank zu sagen, dafür, dass wir an einem Projekt mitarbeiten konnten, das schon unsere Vorväter als sinnvoll erkannt hatten und das den nachfolgenden Generationen bessere Zukunftschancen einräumen wird. Wir haben auch Dank zu sagen den Mitarbeitern der S-Bahn Tunnel Leipzig GmbH, die auch dann ihr Bestes gegeben haben, wenn das Projekt auf der Kippe stand. Sie hatten den „Tunnelblick“: Augen zu und durch, wobei viel zu oft auch die Stunden übersehen wurden.

Namentlich ungenannt bleiben auch die vielen Mitarbeiter bei der Deutschen Bahn AG, dem Eisenbahnbundesamt, dem Bundesministerium für Verkehr, Bau und Wohnungswesen, dem Sächsischen Staatsministerium für Wirtschaft und Arbeit und die Mitarbeiter der Stadtverwaltung Leipzig, insbesondere des Amtes für Verkehrsplanung. Viele haben sich mit mehr Engagement eingebracht, mit mehr Enthusiasmus für die Realisierung gearbeitet, als es ihr eigentlicher Arbeitsauftrag war. Die komplette Aufzählung allein würde ein Buch füllen.

Schüßler-Plan

DE-Consult

Ingenieurgemeinschaft City-Tunnel Leipzig
Eilenburger Straße 3
04317 Leipzig
Tel.: 0341 9967-401
Fax: 0341 9967-411

Von der Grundlagenermittlung bis zur Vergabe